기도만이 능력이다

기도만이 능력이다

2019년 4월 10일   초판 1쇄 인쇄
2019년 4월 19일   초판 1쇄 발행

지은이 | 앤드류 머레이
옮긴이 | 임종원
펴낸이 | 황성연
펴낸곳 | 청우출판사
교정 · 교열 | 조은경 · 석윤숙
디자인 | 정성진 · 허지혜

주소 | 서울특별시 중랑구 망우로 192(상봉동) 성신빌딩
등록번호 | 제 8-0856
총판 | 하늘물류센타
전화 | 031-947-7777
팩스 | 0505-365-0691

ISBN   978-89-94846-44-6 03230

Copyright ⓒ 2019, 청우출판사
저작권법에 의하여 한국 내에서 보호받는 저작물이므로 무단전제와
무단복제를 금합니다. 이 책의 내용의 일부 또는 전부를 사용하려면
반드시 저작권자와 청우출판사의 서면 동의를 받아야 합니다.

※ 정가는 뒷표지에 있습니다.
※ 잘못되거나 파손된 책은 구입하신 서점에서 교환하여 드립니다.

기도, 하늘의 능력을 내 것으로 만드는 통로

기도만이 능력이다

앤드류 머레이 지음 | 임종원 옮김

청우

프롤로그

예수님의 "내 안에 거하라"는 말씀과 관련된 약속 가운데 "너희가 내 안에 거하고 내 말이 너희 안에 거하면 무엇이든지 원하는 대로 구하라. 그리하면 이루리라"(요 15:7)는 말씀보다 더 믿음을 강조하신 말씀은 없을 것이다. 이는 사도 바울을 "내가 이미 얻었다 함도 아니요 온전히 이루었다 함도 아니라 오직 내가 그리스도 예수께 잡힌 바 된 그것을 잡으려고 달려가노라"(빌 3:12)는 고백으로 이끈 말씀이다. 이처럼 우리가 기도를 통해 하나님의 권능을 덧입는다는 것은 예수님 안에 거하는 삶 가운데서도 가장 차원 높은 믿음의 실천을 요구하는 것이며, 우리로 하여금 예수님의 중보사역에 동참하도록 이끄는 역할을 한다.

예수님처럼 사는 삶의 여러 특성 가운데 예수님이 하나님의 임재 안에서 지금도 끊임없이 하시는 일, 곧 예수님의 중보사역에 동참하는 것보다 더 고귀하고 영광스러운 일은 없다. 우리가 예수님 안에 거하면서 그분의 형상을 닮아가면 갈수록 예수님의 대제사장적인 삶은 우리 안에서 더 강하게 역사할 것이다. 그 결과 우리는 항상 다른 사람들을 위해 하나님께 탄원하고, 하나님을 설복시키는 기도의 삶에 더욱 가까이 다가서게 된다.

"그들로 우리 하나님 앞에서 나라와 제사장들을 삼으셨으니 그들이 땅에서 왕 노릇하리로다"(계 5:10). 왕과 제사장에게서 나타나는 주요한 특징은 권세, 영향력, 그리고 축복이다. 왕의 권세는 위에서 아래로 내려오는 권위다. 제사장의 권위는 아래에서 위로 올라가 하나님을 설복시킨다. 우리 복되신 왕이자 제사장이신 예수 그리스도의 왕권은 제사장적인 권위를 바탕으로 세워졌다. "그러므로 자기를 힘입어 하나님께 나아가는 자들을 온전히 구원하실 수 있으니 이는 그가 항상 살아 계셔서 그들을 위하여 간구하심이라"(히 7:25). 우리 안에 세우신 예수님의 권위는 다른 제사장이나 왕들 안에 세우신 그 권위와 전혀 다르지 않다. 그러기에 우리는 예수님이 우리 안에 세우신 권위로 예수님의 중보사역에 동참하게 되고, 그로 말미암아 우리가 하나님과 사람들을 설복시키는 권위를 가진 이스라엘의 혈통임을 입증하게 된다.

이 책은 그리스도인의 삶에서 제사장적인 기도가 차지하는 위치와 능력이 제대로 이해되지 못하고 있다는 깊은 성찰에서 비롯되었다. 우리가 기도를 그리스도인의 삶을 유지하는 수단으로서만 생각한다면 우리는 기도가 의미하는 바를 제대로 알지 못하는 것이다. 그러나 우리가 기도를 우리에게 맡겨진 최상의 소명, 다시 말해 모든 신앙생활의 근본이요 원동력으로 간주한다면 우리는 올바른 기도의 삶을 위해 더욱 애쓰게 된다.

기도에 관한 예수님의 가르침을 공부하면서 나에게 아주 놀라울 정도로 명백하게 다가온 확신이 하나 있다. 그것은 우리가 예수님의 이름으로 무엇을 구하든지 우리가 원하는 대로 주시기 위하여 하나님은 온갖 믿음의 기도에 귀를 기울이고 계신다는 사실이다. 우리는 그동안 하나님의 놀라운 사랑과 거대한 약속들을 제한하는 데 익숙해진 나머지 우리 주님의 가장 단순하고 명쾌한 선포조차도 제대로 파악하지 못했다. 여기에 우리가 마땅히 배워야 할 교훈이 있다. 그것은 바로 하나님이 정말로 우리의 기도에 응답하길 원하신다는 점이며, 우리의 기도에 응답하여 행하실 하나님의 일들은 과히 우리의 상상을 초월한다는 사실이다.

최근에 수많은 사람들이 그리스도께서 얼마나 완전하게 우리의 생명이 되시는지, 그리스도께서 우리에게 필요한 모든 것을 우리 안에서 이루고 행하시기 위하여 어떻게 일하시는지 배우는 과정에서 이루 다 표현할 수 없는 엄청난 축복을 발견하였다. 그러나 우리가 이 진리를 자신의 기도생활에 적용하는 법을 제대로 배웠는지는 잘 모르겠다. 많은 사람들은 믿음으로 기도할 만한 능력이 부족하다고, 많은 것을 성취할 만큼 효과적인 기도를 올려드릴 수 있는 능력이 부족하다고 불평한다. 내가 그런 사람들에게 기쁜 마음으로 던지고 싶은 메시지는 복되신 예수님께서 각 사람들에게 이와 같은 진리를 가르치길 원하신다는 사실이다.

예수님은 우리의 생명이시다. 예수님은 살아계셔서 항상 기도하고 계신다. 우리 안에 있는 예수님의 생명은 우리가 그분을 신뢰하기만 한다면 언제까지나 기도하는 생명이시다. 예수님은 우리의 본보기이자 가르침, 명령, 약속일뿐 아니라 우리의 생명이시다. 예수님은 영원토록 살아계신 중보자로서 그분 자신을 우리에게 보여주심으로써 기도하는 법을 가르쳐주신다. 우리가 이것을 믿고 예수님께 나아가 그분 안에 거할 때, 비로소 올바로 기도할 수 없다는 두려움이 우리 안에서 깨끗이 사라지게 될 것이다. 바로 그때 우리는 우리에게 기도를 가르쳐주시도록, 우리 기도의 생명과 능력이 되시도록 기쁜 마음으로 주님을 승리의 주님으로 신뢰하게 될 것이다.

"사랑이 충만하신 주님, 우리의 눈을 열어주셔서 이 거룩한 중보기도 사역이 어떤 것인지를 제대로 깨달아 알게 하소서. 우리는 그 일을 위하여 당신의 왕 같은 제사장으로 구별된 존재이기 때문입니다. 거룩하신 하나님, 우리의 기도가 얼마나 강력한 영향력을 발휘할 수 있는지 믿을 수 있도록 우리에게 크고 담대한 마음을 허락하소서. 당신의 부르심을 성취할 수 없다고 생각하게 만드는 온갖 두려움은, 항상 살아계셔서 기도할 뿐 아니라 우리 기도생활의 확실한 보증이신 예수님을 올바로 알아갈수록 점차 사라지게 하소서."

1885년 8월 28일 웰링턴에서
앤드류 머레이

C·O·N·T·E·N·T·S
차 례

프롤로그 • 005

| Part 1 | 반드시 응답받는 우리의 기도
　1. 우리의 주님으로부터 기도를 배우라 • 015
　2. 영과 진리로 예배하는 기도자가 되라 • 025
　3. 은밀한 골방에서 하나님을 만나라 • 034
　4. 기도 응답에 대한 확신을 가져라 • 044
　5. 더 좋은 것을 주시는 하나님을 기대하라 • 054

| Part 2 | 능력 있는 기도에 담긴 놀라운 은혜
　1. 디딤돌이 되시는 성령님께 의탁하라 • 065
　2. 벗된 하나님께 담대히 간청하라 • 075
　3. 기도로 왕 같은 제사장의 직분을 감당하라 • 085
　4. 원하는 것을 구체적으로 명확히 아뢰라 • 094
　5. 이미 받은 줄로 알고 믿음으로 취하라 • 104

| Part 3 | 하나님의 뜻과 조화를 이루는 기도
　　　　1. 먼저 기도로 불신앙을 치유하라 • 119
　　　　2. 하나님을 신뢰하는 믿음을 가져라 • 129
　　　　3. 지체되더라도 흔들리지 마라 • 140
　　　　4. 기도로 하나님의 뜻에 순종하라 • 149
　　　　5. 기도로 하나님의 계획에 동참하라 • 158

| Part 4 | 무엇이든지 가능하게 하는 기도의 능력
　　　　1. 기도는 더 큰일을 행하는 능력이다 • 169
　　　　2. 능력 있는 기도는 하나님의 영광을 추구한다 • 178
　　　　3. 완전한 순종은 능력 있는 기도의 원천이다 • 188
　　　　4. 말씀은 기도의 능력을 배가시킨다 • 198
　　　　5. 온전한 헌신은 열매 맺는 기도의 열쇠이다 • 207

| Part 5 | 기도에 능력을 더하는 영적 원동력
　　　　1. 탄식으로 돌보시는 성령님을 의지하라 • 221
　　　　2. 중보자 예수님처럼 자신을 내려놓으라 • 230
　　　　3. 만왕의 주 하나님의 뜻대로 담대히 구하라 • 241
　　　　4. 제사장으로 부르심은 기도에 능력을 더한다 • 251
　　　　5. 쉬지 말고 기도하며 범사에 감사하라 • 261

The Prayer Best Collection 1

P·A·R·T·1

반드시 응답받는 우리의 기도

01
Only Prayer is Ability _ Part 1

우리의 주님으로부터 기도를 배우라

예수께서 한 곳에서 기도하시고 마치시매 제자 중 하나가 여짜오되 주여 요한이 자기 제자들에게 기도를 가르친 것과 같이 우리에게도 가르쳐주옵소서. 누가복음 11:1.

제자들은 예수님과 함께 지내면서 예수님이 기도하시는 모습을 줄곧 지켜보았다. 그래서 예수님의 놀라운 공생애와 은밀한 기도생활 사이의 연관성을 나름대로 이해할 수 있었다. 제자들은 기도의 비결을 완전히 꿰뚫고 계신 예수님을 주님으로 받아들이기 시작했다. 그러나 당시에는 아무도 예수님처럼 기도할 수 없었다. 그래서 제자들은 "주여, 우리에게도 기도를 가르쳐주소서!"라고 요청한 것이다. 제자들은 나중에 예수님이 가르쳐주신 것들 가운데 기도에 관한 교훈보다 놀랍고 복된 가르침은 없었다고 담담히 고백했다.

이처럼 기도에 열중하시는 예수님을 가까이에서 지켜보았던 제자들이 "주여, 우리에게도 기도를 가르쳐주소서!"와 같은 요청을 거듭할 때도, 예수님은 여전히 하나님 아버지의 보좌 앞으로 나아가는 일을 쉬지 않으셨다. 예수님은 그와 같은 일을 지금도 계속하고 계신다. 우리가 신앙 안에서 성장할수록 쉬지 않고 기도에 열중하시는 예수님에 대한 믿음은 더 소중해지고, 중보기도 중이신 예수님을 닮고 싶다는 소망은 점점 더 커진다.

기도하시는 예수님을 바라보면서 아무도 주님처럼 기도할 수 없다는 것과 아무도 주님처럼 가르칠 수 없다는 사실을 생각할 때 "주여, 우리에게도 기도를 가르쳐주소서!"와 같은 제자들의 요청이 우리에게도 꼭 필요하다는 것을 느끼게 된다. 또한 예수님이 어떻게 전부이시며 모든 것을 소유하고 계신지, 예수님이 어떻게 우리 자신이 되시는지, 예수님이 어떻게 우리의 생명이 되시는지를 생각해볼 때 우리는 일단 간구해야 한다는 확신을 더욱 강하게 느끼게 된다. 예수님 역시 우리를 그분 자신과의 친밀한 교제 속으로 인도하여 자신처럼 기도하는 법을 가르쳐주기를 기뻐하실 것이다.

형제자매들이여! 이제 복되신 예수님께로 나아가 우리의 이름을 그리스도의 기도학교에 새롭게 등록시켜달라고 주님께 간청하지 않겠는가? 우리 주님은 항상 문을 열어놓고 그곳에서 기도와 중보라는 거룩한 신앙에 관하여 깨닫기 원하는 사람들을 기다리고 계신다. 그렇다. 오래 전에 제자들이 "주여, 우리에게도 기도를 가르쳐주소서!"라고 요청했던 것처럼 바로 오늘부터, 아니 지금 당장 우리도 예수님께 간청하자. "주여, 우리에게도 기도를 가르쳐주소서!"

그렇다. 기도하는 법, 우리가 배워야 할 것이 바로 이것이다. 기도를 처음 시작할 때에는 그 방법이 너무나 단순해서 자신의 힘으로는 아무것도 하지 못하는 아기조차도 옹알옹알 기도할 수 있다고 생각한다. 하지만 기도는 우리 인간이 도달할 수 있는 가장 고귀하고 거룩한 일이다. 기도는 우리의 눈에 보이지 않는 가장 거룩하신 분과 나누는 교제이다. 영원한 세계를 다스리는 능력은 지금까지 하나님의 뜻대로 부여되었다. 그것이 바로 모든 종교의 참된 본질이며, 모든 축복의 통로이고, 권능 있는 삶의 비결이다. 우리뿐만 아니라 다른 사람들과 전 세계 교회를 위하여 하나님이 그분 자신과 그분의 권능을 붙잡을 수 있는 권리를 허락하시는 통로가 바로 기도이다. 온갖 약속이 성취되기를 기다리며, 하나님의 나라가 임하기를 기다리며, 하나님의 영광이 충만하게 드러나기를 기다리는 것이 바로 이 기도이다.

그런데 우리는 얼마나 게으르고, 이런 복된 일에 참여할 만한 자격을 갖추지 못하고 있는가! 우리로 하여금 올바로 기도할 수 있도록 인도할 수 있는 분은 오직 성령뿐이시다. 우리는 경건의 능력은 없으면서도 얼마나 빠르게 경건의 모양에 미혹당하고 마는지! 우리의 초기 신앙훈련, 교회의 그릇된 가르침, 옳지 못한 습관의 영향력, 온갖 감정의 격동 등 이러한 것들이 얼마나 쉽게 조그만 능력이나 유익밖에 얻지 못하는 기도로 이끌어가는지! 하나님의 능력을 붙잡고, 수많은 유익을 얻고, 실제로 천국 문을 활짝 열어젖히는 참된 기도를 위해서 "누가 그렇게 기도하는 법을 나에게 가르쳐줄 수 있는가!"라고 부르짖지 않을 수 있겠는가?

예수님은 기도훈련학교를 여셨다. 예수님은 거기에서 온전히 기도 중에 능력받기를 간절히 소원하는 사람들을 훈련하신다. "주님, 우리가 배워야 할 것이 바로 이것입니다! 오, 주여! 우리에게 기도하는 법을 가르쳐주소서!"

우리는 옛날부터 주님을 믿는 사람들이 기도하기 위하여 사용했던 권능을 가지고, 그 기도에 응답하면서 베푸셨던 강력한 이적들을 기대하면서 주님의 말씀을 읽는다. 그런데 이런 일이 옛 언약 아래서도 일어났다면, 오늘날과 같은 '성취의 시기'에 주님이 각 사람 가운데 임하시는 임재의 표징들을 그분의 백성들에게 얼마나 더 많이 허락하시겠는가? 우리는 예수님의 이름으로 올려드리는 기도의 권능에 관하여 사도들에게 허락하신 약속을 너무도 많이 들어왔으며, 사도들이 그러한 진리를 얼마나 영광스럽게 경험했는지 예수님의 말씀을 통하여 목격해왔다. 우리는 그 진리들이 우리에게도 역시 진리가 될 수 있음을 확실히 안다. 우리는 주님을 온전히 신뢰하는 사람들에게 권능을 부어준다는 영광스러운 증거를 어떻게 보여주시는지 계속해서, 심지어 오늘날까지도 듣고 있다.

> "주님, 이 모든 사람은 우리와 마찬가지로 열정을 간직한 자들입니다. 그러니 우리에게도 그렇게 기도하는 법을 가르쳐주소서! 하늘나라의 권능이나 선물과 마찬가지로 그와 같은 약속들은 우리를 위한 것이오니, 우리에게도 기도하는 법을 가르쳐주셔서 풍성한 은혜를 누릴 수 있게 하소서! 주님은 우리에게도 당신의 일을 맡기십니다. 그러므로 하나님의 나라가 임하는 것도 우리의 기도에 달려 있습니다. 하나님이 그분의 이름을 영화롭게 하는 것도 우리의 기도를 통해서 입니다."

그렇다. 지금 우리는 기도하는 법을 배워야 할 필요성을 절실히 느끼고 있다. 처음에는 이처럼 간단해 보이는 일이 없지만, 나중에는 이보다 더 어려운 일도 없다고 느낀다. 그래서 이렇게 고백할 수밖에 없게 된다. 즉 우리는 마땅히 기도해야 할 바대로 기도하는 법을 도무지 모른다는 것이다.

우리에게는 명확하고 확실한 약속들을 포함한 하나님의 말씀이 있다. 그러나 죄가 우리의 마음을 어둡게 만들었기에 우리는 그 말씀을 적용하는 법을 잘 알지 못한다. 우리는 영적인 것과 관련해서 가장 필요한 것들을 항상 찾아다니는 건 아니다. 또한 우리는 지성소의 법칙에 따라서 제대로 기도하지도 못한다. 이 땅에 속한 것들에 대해서도 여전히 하늘 아버지께서 우리에게 필요한 것들을 얼마든지 요청하도록 허락하신 놀라운 은혜를 지금껏 제대로 활용하지도 못하고 있다. 심지어 간청해야 할 것을 제대로 알고 있을 때조차도 얼마나 간절하게 하나님께 기도를 드려야 하는지 잘 모른다.

그러므로 하나님의 뜻에 완전히 순복하면서, 예수님의 이름을 믿는 믿음을 전적으로 확신하는 가운데, 끝까지 인내하는 이유가 오롯이 하나님의 영광이어야 한다. 이 모든 것은 배워야 한다. 훈련이야말로 완전에 이르게 만들기 때문에 자주 기도학교에 들어가서 배우는 수밖에 없다. 우리는 무지하고 하찮은 존재라는 고통스러운 인식을 통하여, 믿음과 의심 사이의 투쟁을 통하여 효과적인 기도를 위한 천상의 비법을 서서히 터득하게 된다. 심지어 우리가 그것을 제대로 인식하지 못할 때조차도 우리가 기도하는 모습을 시종일관 주목하시는, 믿음과 기도의 출발점이자 종착역인 분이 계시기에 그분을 신뢰하는 모든 사람은 계속해서 완전을 향해 나아가야 한다.

우리는 깊은 곳에서 조그맣게 올려드리는 기도에서조차도 오직 우리의 무지를 인식하고, 그분을 신뢰하는 믿음에서 비롯되는 가르침을 받을 만한 순간으로 삼아야 한다. 그런 후에야 비로소 우리는 능력 있게 기도하는 법을 배울 수 있다는 확신을 얻게 된다. 그렇다. 우리는 거기에 의존할 수밖에 없다. 곧 예수님이 우리에게 기도하는 법을 가르쳐주실 것이다.

누구도 예수님처럼 가르칠 수 없으며, 예수님 말고는 누구도 기도하는 법을 가르칠 수 없다. 그러므로 우리는 예수님께 "주여, 우리에게도 기도를 가르쳐주소서!"라고 요청하는 것이다. 학생에게는 선생님이 꼭 필요하다. 그 선생님은 자신이 할 일을 정확히 알고 있으며, 가르치는 은사를 통해 인내와 사랑으로 학생이 필요로 하는 수준까지 데려갈 것이다.

예수님은 이 모든 것과 더불어 훨씬 더 많은 일을 행하신다. 예수님은 기도가 무엇인지 훤히 꿰뚫고 계신다. 기도하는 법을 가르칠 수 있는 분은 자신도 역시 기도하고 계시는 예수님뿐이다. 예수님은 기도가 무엇인지 알고 계신다. 예수님은 이 세상에서 살아가는 동안 온갖 시험과 눈물을 통하여 기도를 배우셨다. 기도는 천국에서도 예수님이 계속해서 애착을 갖는 일이다. 천국에서 예수님의 삶은 주로 기도하는 것이다. 하나님의 임재 속으로 예수님과 함께 들어갈 수 있는 사람들을 찾아내는 것보다 그분을 기쁘시게 하는 것은 아무것도 없다. 예수님은 그 주변 사람들에게 하나님의 축복을 전하기 위하여 능력으로 옷 입힐 수 있는 자들을 찾고 계신다. 예수님은 중보기도를 통하여 하나님의 나라가 온 땅에 널리 계시될 수 있도록 자신의 동역자로 훈련시킬 만한 사람들을 찾고 계신다.

예수님은 어떻게 가르쳐야 하는지를 잘 알고 계신다. 우선은 절실한 필요를 느끼게 함으로써, 그다음에는 기쁨을 불러일으키는 확신을 통해서 그렇게 하신다. 여기서는 말씀을 가르치심으로써, 저기서는 응답받는 기도의 비밀을 알고 있는 또 다른 성도들의 간증을 통하여 그렇게 하신다. 예수님은 성령을 통하여 우리의 마음에 오신 다음, 기도를 방해하는 죄악을 보여주거나 하나님을 기쁘시게 하는 확신을 불어넣음으로써 우리에게 기도하는 법을 가르쳐주신다. 예수님은 무엇을 간구해야 할지, 어떻게 간구해야 할지에 관한 생각을 불어넣을 뿐만 아니라 우리 안에 기도의 영을 불어넣으시며, 위대한 중보자로서 친히 우리 안에 살아계심으로써 기도를 가르쳐주신다.

따라서 우리는 기쁜 마음으로 "누가 주님처럼 가르칠 수 있단 말인가?"라고 고백할 수밖에 없다. 예수님은 한 번도 설교하는 법을 가르치신 적이 없다. 단지 기도하는 법만을 가르치셨을 뿐이다. 예수님은 설교를 잘하는 방법에 관해서는 별다른 말씀을 하지 않았지만, 기도를 잘하는 법에 관해서는 상당히 많은 말씀을 하셨다. 하나님께 제대로 말씀드리는 법을 아는 것이 인간에게 말하는 법을 아는 것보다 더 중요하다. 인간적인 힘이 아니라 하나님의 능력이 가장 우선이기 때문이다.

사랑하는 형제자매들이여, 여러분은 어떻게 생각하는가? 기도의 비결에 관한 특별수업을 허락하시도록 주님께 간구하는 것이야말로 우리에게 가장 필요한 일이 아닌가? 예수님이 이 땅에서 전해주신 말씀을 묵상할 때, 그러한 선생님과 함께 반드시 진전을 이루어낼 수 있다는 확신을 가지고, 그분의 가르침에 우리 자신을 온전히 내드려야 하지 않겠는가! 그분의 말씀을 묵상하는 데 시간을 들일 뿐만 아니라 그 보좌 앞에서 기도하며 기다리는 가운데 차근히 중보의 일을 훈련받는 데 시간을 투자해야 하지 않겠는가! 우리가 더듬거리고 두려워하는 와중에도 주님은 가장 아름답게 그분의 일을 수행하고 계신다.

주님은 그분 자신의 생명을 우리 안에 불어넣으실 것이다. 우리로 하여금 그분의 의와 생명을 함께 나누는 자들로 삼음으로써 우리 역시 중보의 일을 감당하게 하실 것이다. 예수님의 몸에 붙어 있는 지체로서, 거룩한 제사장으로서 사람들을 위하여 하나님께 간구하며 그분을 설복시키는 제사장적 직분을 감당하게 하실 것이다. 그렇다. 우리가 아무리 무지하고 연약할지라도 "주여, 우리에게도 기도를 가르쳐주소서!"라고 즐겁게 고백해야 하는 이유가 바로 여기에 있다. 제사장적 직분을 오롯이 감당하기 위하여.

02

Only Prayer is Ability _ Part 1

영과 진리로 예배하는 기도자가 되라

아버지께 참되게 예배하는 자들은 영과 진리로 예배할 때가 오나니 곧 이때라. 아버지께서는 자기에게 이렇게 예배하는 자들을 찾으시느니라. 하나님은 영이시니 예배하는 자가 영과 진리로 예배할지니라. 요한복음 4:23-24.

사마리아 여인에게 하신 이 말씀은 기도라는 주제에 관하여 최초로 기록된 예수님의 가르침이다. 이 말씀은 우리에게 기도의 세계에 관한 놀라운 첫인상을 남겨준다. 하나님 아버지께서는 예배자들을 찾고 계신다. 하나님은 우리의 예배를 통해 충족함과 기쁨을 받으신다. 그러나 하나님의 기대에 미치는 사람들은 그다지 많지 않다. 하나님은 참 예배자, 즉 하나님 마음을 기쁘시게 하는 예배자를 찾고 계시지만 하나님의 마음을 충족시키는 예배자는 그다지 많지 않다.

그렇다면 하나님의 마음을 기쁘시게 하는 참 예배란 무엇인가? 참 예배란 영과 진리로 드리는 예배이다. 우리의 모든 것을 집중하여 오직 하나님만을 경외하고 찬양하는 예배이다. 예수님은 이처럼 영과 진리로 드리는 예배를 위한 길을 열어주기 위해 찾아오셨으며, 우리에게 그 길을 가르치고 계신다. 그러므로 우리가 기도학교에서 받는 첫 번째 수업 가운데 하나는 영과 진리로 기도하는 것이 무엇인지를 이해하고, 어떻게 그것을 완수할 수 있는지를 알아내는 것이다.

우리 주님은 사마리아 여인에게 삼중적인 예배에 관하여 말씀하셨다. 첫 번째가 사마리아인들의 무지한 예배이다. "너희는 알지 못하는 것을 예배하고"(요 4:22 상). 둘째는 하나님에 관한 참된 지식을 가진 유대인들의 지적인 예배이다. "우리는 아는 것을 예배하노니 이는 구원이 유대인에게서 남이라"(요 4:22 하). 셋째는 주님이 소개하려는 새로운 영적인 예배이다. "아버지께 참되게 예배하는 자들은 영과 진리로 예배할 때가 오나니, 곧 이때라"(요 4:23 상).

이와 같은 말씀으로 미루어볼 때 "영과 진리"라는 말씀은 흔히 생각하는 것처럼 마음에서 우러나는 신령과 진정을 의미하지 않는다. 사마리아인들에게는 모세오경과 하나님에 관한 약간의 지식이 있었기에 정직하고 간절하게 하나님을 찾는 자들이 분명히 있었을 것이다. 유대인들은 하나님의 말씀을 통하여 하나님에 관한 사실적이고 완전한 계시를 받았으며, 지금까지도 계속해서 그렇게 해왔기 때문에, 그들 사이에는 온 마음을 다해 하나님의 이름을 부르는 경건한 자들이 많았을 것이다. 그러나 예수님이 "때가 오나니, 곧 이때라"고 하신 말씀의 온전한 의미에서 "영과 진리로" 예배하는 자들은 별로 없었다. 하나님에 대한 예배가 영과 진리 안에서 드려지는 것은 오직 하나님 안에서와 하나님을 통해서다.

그리스도인들 사이에서 우리는 세 가지 부류의 예배자를 발견하게 된다. 우선 무지함으로 말미암아 자기들이 무엇을 구하는지도 모르는 자들이다. 이들은 간절히 부르짖기는 하지만 별다른 응답을 받지 못한다. 두 번째는 좀 더 정확한 지식을 갖고 온 마음과 정성을 다하여 기도하며 더욱 간절히 기도하려고 애쓰지만, 영과 진리로 드리는 예배의 온전한 축복을 제대로 받아 누리지 못하는 사람들이다. 세 번째는 우리 주 예수 그리스도께 자신을 인도해 달라고 간구하는 사람들이다.

우리는 영과 진리로 예배하는 법을 예수님께 배워야 한다. 오직 이것만이 영적인 예배이다. 왜냐하면 우리는 오직 이를 통해서만 하나님이 찾으시는 예배자가 될 수 있기 때문이다. 기도에 관한 모든 것은 우리가 영과 진리 안에서 얼마나 예배를 잘 이해하고 실행하느냐에 달려 있다.

"하나님은 영이시니 예배하는 자가 영과 진리로 예배할지니라"(요 4:24). 여기서 주님이 제안하신 첫 번째 생각은 하나님과 예배자 사이에 조화가 있어야 한다는 것이다. 하나님이 그러하신 것처럼 그분을 예배하는 자들도 마땅히 그래야 한다. 이것은 온 우주에 널리 퍼져 있는 원칙에 따른 것이다. 우리는 그 자신을 계시하거나 드러내는 대상과 받아들이는 기관 사이의 상호 소통을 추구한다. 우리의 눈은 빛에 대한 내적 적응력이 있고, 귀는 소리에 대한 내적 적응력이 있다. 진정으로 하나님을 예배하기 원하며, 하나님을 찾고 알고 소유하고 즐기고 싶어 하는 사람은 반드시 그분과 조화를 이루어야 한다. 또한 그분을 받아들일 만한 역량을 갖추어야 한다. 하나님은 영이시기에 우리도 영으로 예배해야 한다. 하나님이 그러하신 것처럼 하나님을 예배하는 자들도 마찬가지다.

그런데 이것이 도대체 무슨 소리인가? 이 여인은 예수님께 사마리아나 예루살렘이 참된 예배의 장소인지 아닌지를 물었다. 그러자 예수님은 이제부터는 예배가 어느 특정한 장소에 제한되지 않는다고 대답하셨다. "여자여, 내 말을 믿으라. 이 산에서도 말고 예루살렘에서도 말고 너희가 아버지께 예배할 때가 이르리라"(요 4:21). 하나님은 영이시므로 시간이나 공간의 제약을 받지 않으신다. 하나님은 무한한 완전성 안에서 언제 어디서나 항상 동일하신 분이기에 하나님께 올려드리는 예배는 이제 더는 장소나 형식에 의해 제한을 받지 않는다. 그뿐만이 아니라 하나님께서 영적인 존재인 것처럼 예배도 영적인 것이 되어야 한다.

여기에 아주 중요한 첫 번째 교훈이 있다. 이것 때문에 우리 기독교가 얼마나 많은 고통을 당하고 있는지 모른다. 다시 말해 현대 기독교는 너무나 많이 특정한 시간과 장소에 얽매여 있다는 것이다. 교회나 골방에서 간절히 기도하는 삶을 추구한다 할지라도, 우리는 거기에서 기도했던 것과는 전혀 다른 영 안에서 그 주간이나 하루의 상당 부분을 보내게 된다. 그 사람의 예배는 모든 존재를 드리는 진정한 예배가 아니라 고정된 장소나 정해진 시간에만 드리는 한정된 예배로 변질되고 만다.

하나님은 영이시다. 그분은 영존하시고 한결같은 분이시다. 그분의 하나님 되심은 항상 동일하며, 그분은 항상 진리 안에 계신다. 그와 마찬가지로 우리의 예배도 영과 진리 안에 있어야 한다. 하나님께 올려드리는 예배야말로 우리가 살아가는 삶을 지배하는 정신이어야 하며, 하나님이 영이신 것처럼 우리의 삶은 영으로 예배하는 삶이어야 한다.

두 번째 교훈은 영으로 드리는 예배는 하나님 자신으로부터 흘러나와야 한다는 것이다. 하나님은 영이시다. 오직 그분만이 우리에게 나누어 줄 수 있는 영을 소유하고 계신다. 하나님이 그분의 아들을 보내신 것도 바로 이런 이유 때문이다. 우리에게 성령을 주심으로써 영적인 예배에 적합해지도록 하기 위해서다. 예수님이 "그때가 오나니"라고 말씀하신 다음에, "곧 이때라"고 말씀하신 것은 그분 자신의 일을 말씀하시기 위한 것이다.

예수님은 성령으로 세례를 베풀기 위하여 오셨다. 예수님이 영광을 받으실 때까지는(요 1:33, 7:37-38, 16:7) 성령이 흘러나올 수 없었다. 예수님이 죄악의 사슬을 끊으신 것은 바로 이때였다. 예수님이 피를 흘리며 지성소로 들어가심으로써 우리를 대신하여 성령을 받으신 그때 말이다(행 2:33). 그리하여 예수님은 하나님 아버지께서 허락하신 성령을 우리에게 보내실 수 있었다. 예수님이 우리를 구속하신 것도 바로 그때였으며, 예수님 안에 있는 우리가 자녀의 지위를 받은 것도 바로 그때였다. 그리하여 하나님 아버지는 그 아들의 성령을 보내셔서 우리의 마음속에서 "아빠, 아버지"라고 부르짖게 하셨다(롬 8:15).

이것이 바로 예수님이 여기에서 "아버지"라는 이름을 사용하신 이유이다. 우리는 구약성경의 성도들 중에서 개인적으로 자녀라는 이름을 사용하거나 하나님을 아버지라고 부르는 사람을 단 한 사람도 찾아낼 수 없다. 하나님 아버지께 올려드리는 예배는 성자 예수님이 보내신 성령을 받은 사람들에게만 가능한 것이기 때문이다. 영으로 드리는 예배는 성자 예수님이 하나님 아버지를 계시하여 아들의 영을 받은 사람들에게만 가능한 일이기 때문이다. 그러므로 영으로 드리는 예배를 위한 길을 열어주고 가르쳐주시는 분은 오직 그리스도뿐이시다.

마지막 교훈은 진리로 예배해야 한다는 것이다. 이것은 단순히 "진정으로"라는 의미가 아니다. 또한 단지 "하나님의 말씀이라는 진리에 따라서"라는 뜻도 아니다. 이 표현에는 깊고도 신성한 의미가 담겨 있다. 예수님은 "아버지의 독생자의 영광이요 은혜와 진리가 충만"하신 분이다(요 1:14). "율법은 모세로 말미암아 주어진 것이요 은혜와 진리는 예수 그리스도로 말미암아 온 것이라"(요 1:17).

예수님은 "내가 곧 길이요 진리요 생명이니 나로 말미암지 않고는 아버지께로 올 자가 없느니라"(요 14:6)고 말씀하셨다. 구약시대에는 모든 것이 그림자이자 약속에 지나지 않았지만, 예수님은 만물이 고대하던 것의 실상과 본체로 찾아오셔서 우리에게 진리를 보여주셨다. 오직 그분 안에서 영생의 축복과 권능이 실제적인 소유와 경험으로 바뀐다. 예수님은 은혜와 진리가 충만하신 분이며, 성령님은 진리의 영이시다. 성령님을 통하여 예수님 안에 있는 은혜가 우리의 것으로 바뀌어 거룩한 삶으로부터의 긍정적인 소통이 가능하게 된다. 그러므로 영으로 드리는 예배는 진리로 드리는 예배이고, 하나님과 구체적이고 살아 있는 교제를 나누는 것이며, 영이신 하나님과 영으로 기도하는 자녀 사이의 참된 소통과 조화와 일치이다.

사마리아 여인은 예수님이 말씀하신 것을 곧바로 이해할 수 없었다. 오순절은 그 온전한 의미를 계시하기 위하여 필요했다. 우리 역시 기도학교에 처음 입학했을 때에는 그와 같은 가르침을 이해할 만한 준비가 거의 되어 있지 않았다. 한참 뒤에야 비로소 그 가르침을 이해했을 것이다. 그러므로 하나님이 그런 가르침을 주실 때는 일단 받아들여라. 그리고 기도하기 위하여 취하고 있는 자신의 자세가 예수님이 가르치신 대로 되도록 하라. 우리에게는 하나님을 기쁘시게 하는 예배를 올려드릴 만한 능력이 없음을 고백하는 깊은 회개가 있어야 한다. 그리하여 우리를 가르치시는 하나님을 기다리는 어린아이 같은 태도를 가져야 한다. 또한 성령님의 호흡으로 인도하시는 단순한 믿음을 키워야 한다. 다른 무엇보다도 다음과 같은 복된 진리를 단단히 붙잡아야 한다. 그리하면 예수님이 그에 관하여 우리에게 말씀하실 것이 훨씬 더 많다는 사실을 머지않아 깨닫게 될 것이다.

하나님의 아버지 되심에 관한 지식, 우리 마음속에 계시된 그분의 무한하신 부성애, 우리를 그분의 자녀로 만들기 위하여 독생자와 성령을 허락하시는 무한한 사랑에 대한 믿음은 영과 진리로 드리는 기도를 위해 반드시 필요한 비결이다. 성자 예수 그리스도, 그리고 우리 안에서 머물러 계시면서 하나님 아버지를 계시하시는 그 아들의 성령을 소유하는 것, 이것이야말로 우리를 참되고 영적인 예배자로 만드는 디딤돌이다.

03
Only Prayer is Ability _ Part 1

은밀한 골방에서 하나님을 만나라

너는 기도할 때에 네 골방에 들어가 문을 닫고 은밀한 중에 계신 네 아버지께 기도하라. 은밀한 중에 보시는 네 아버지께서 갚으시리라. 마태복음 6:6.

예수님은 제자들을 부르신 후에 산상설교를 통하여 처음으로 공개적인 가르침을 주셨다. 거기서 예수님은 제자들에게 하나님의 나라에 대해서 상세히 설명하셨다. 그 나라에서 하나님은 단지 왕일 뿐만 아니라 아버지시다. 그분은 모든 것을 나누어주실 뿐만 아니라 그분 자신이 친히 모든 것이 되신다. 단지 그분을 알아서 교제하는 것만으로도 커다란 축복이다.

이처럼 기도에 관한 계시와 기도생활이야말로 예수님이 세우려고 찾아오신 새로운 나라에 관한 가르침 가운데 중요한 부분이다. 모세는 기도에 관하여 아무런 명령이나 규례를 제시하지 않았고, 심지어 선지자들조차 기도라는 임무에 관하여는 직접적으로 거의 언급하지 않았다. 열심히 기도하라고 가르치신 분은 오직 그리스도뿐이시다.

예수님이 제자들에게 가르치신 첫 번째 교훈은 기도를 위해서 은밀한 장소가 있어야 한다는 것이다. 모든 사람에게는 하나님과 시간을 보낼 수 있는 혼자만의 특정한 공간이 있어야 한다. 모든 교사에게 교실이 있어야 하는 것처럼. 우리는 지금까지 기도학교의 유일한 선생님으로서 예수님을 알고 받아들이는 법을 배워왔다. 예수님은 이미 사마리아에서 예배가 시간과 장소에 제한되지 않으며 예배, 곧 참된 영적 예배는 영과 생명에 관한 문제임을 우리에게 가르쳐주셨다. 온전한 성도라면 모든 삶을 드려서 영과 진리로 예배해야 한다.

그래서 예수님은 날마다 하나님을 만날 수 있는 정해진 장소를 스스로 고르도록 하셨다. 그 내실, 곧 은밀한 혼자만의 장소는 바로 예수님의 교실이다. 그 장소는 어디든 될 수 있다. 만약 우리 삶의 환경이 바뀌어야 한다면 그 장소는 날마다 바뀔 수도 있다. 그러나 반드시 은밀한 공간이 있어서 자기 자신을 주님의 임재 안에 머물게 하며, 하나님 아버지를 예배할 수 있도록 준비되기 위하여 조용히 경건의 시간을 보내야 한다. 오직 거기에서만 예수님은 확실하게 임하셔서 우리에게 기도를 가르쳐주신다.

교사는 항상 자기 교실이 매력적인 장소가 되어 하늘의 빛나는 광채와 신선한 공기로 가득하기를 바란다. 그래야 학생들이 찾아와서 머물러 있기를 좋아하고 갈망하게 되기 때문이다. 산상설교 가운데 기도에 관한 첫 번째 설교를 통해 예수님은 매력적인 빛으로 가득한 혼자만의 은밀한 골방을 준비시키기 위하여 애쓰셨다. 그러므로 주의 깊게 경청한다면 예수님이 우리에게 하시는 말씀을 통해 거기에서 우리가 기다려야 할 가장 중요한 것이 무엇인지를 금방 알아차릴 수 있을 것이다.

예수님은 세 번이나 하나님 아버지라는 이름을 사용하셨다. "네 아버지께 기도하라"(마 6:6). "은밀한 중에 보시는 네 아버지께서 갚으시리라"(마 6:6). "너희에게 있어야 할 것을 하나님 너희 아버지께서 아시느니라"(마 6:8). 골방 기도에서 가장 중요한 게 바로 이것이다. 곧 내가 내 아버지를 만나야 한다는 것이다. 골방을 비추는 빛은 곧바로 하나님 아버지의 얼굴에서 흘러나오는 빛이어야 한다. 예수님이 거기에 가득 채우기를 원하시는 하늘의 신선한 공기, 내가 기도 가운데 호흡하면서 들이마셔야 하는 공기는 하나님 아버지의 사랑이요, 하나님의 무한하신 부성애이다.

그러므로 우리가 내뱉는 모든 생각과 기도 제목은 단순하게, 온 마음으로, 어린아이처럼 하나님 아버지를 믿는 신뢰에 기초해야 한다. 이것이 예수님이 우리에게 기도를 가르치시는 방식이다. 곧 예수님은 우리를 하나님 아버지의 살아계신 임재 속으로 데려가신다. 거기에서 우리가 기도하는 것은 틀림없이 커다란 은혜이다. 바로 거기에서 주님이 우리에게 말씀하시는 것을 듣기 위하여 주의 깊게 경청해야 한다.

먼저 "은밀한 중에 계신 네 아버지께 기도하라." 하나님은 육신적인 눈앞에서는 자신을 숨기시는 분이다. 예배 가운데 우리가 자신의 잡다한 생각에 몰두하는 한 우리는 영이신 하나님, 우리 눈에 쉽게 보이지 않는 하나님을 만나지 못할 것이다. 그러나 세속적이고 인간적인 모든 것으로부터 물러나 오직 하나님 한 분만을 바라고 기다리는 영혼에게는 하나님 아버지께서 그분 자신을 스스로 계시하실 것이다. 그 사람이 세상을 버리고 세속적인 삶과 단절할 때, 하나님의 임재라는 비밀 속으로 인도하시도록 예수님께 자기 자신을 내드릴 때 하나님 아버지의 사랑이라는 빛이 그 사람에게 환히 비칠 것이다.

내적인 골방과 공개되지 않은 장소의 은밀성, 우리 주변의 모든 것과 완전히 분리된 상황은 바로 그와 같은 내면의 영적인 지성소, 곧 장막에 가려진 하나님의 성막과 관련된 신비로움을 상징하는 이미지다. 거기서 우리의 영은 진실로 우리 눈에 보이지 않는 분과 접촉하게 된다. 그리하여 초기 단계부터 효과적인 기도의 비밀을 찾아내려는 그와 같은 접촉은 바로 내적 골방에만 존재한다는 사실을 기억하라는 가르침을 받는다. 거기서 우리는 오직 하나님 아버지와 머물러 있으면서 올바로 기도하는 법을 배우게 된다. 하나님 아버지는 은밀한 곳에 머물러 계신다. 이러한 말씀들을 통하여 예수님은 어디에서 하나님이 우리를 기다리고 계시는지, 어디에서 하나님 아버지를 발견할 수 있는지를 가르쳐주신다.

흔히 그리스도인들은 사적이고 은밀한 기도를 제대로 드릴 수 없다고 불평한다. 왜냐하면 이들은 스스로 연약하고 죄악된 존재이며, 마음이 차갑고 어두운 존재라고 느끼기 때문이다. 그래서 자신은 너무도 왜소한 존재라 기도조차 할 수 없는 것처럼 느끼며, 그 왜소함 안에는 믿음이나 기쁨이 비집고 들어갈 만한 공간이 없다고 생각한다. 그리고 너무도 크게 실망한 나머지 마땅히 그래야 하거나 자신이 원하는 대로 하나님 아버지께 나아갈 수 없다는 생각으로 점차 기도에서 멀어지게 된다.

그러나 하나님의 자녀들이여, 당신의 선생님께 귀를 기울여보라! 그분은 은밀한 기도로 나아갈 때 당신의 첫 번째 생각이 이래야 한다고 말씀하신다. 곧 하나님 아버지는 은밀한 곳에 계시며, 거기에서 당신을 기다리신다고 말이다. 당신의 마음이 냉랭하고 기도하지 않고 있다면 지금 당장 사랑하는 하나님 아버지의 임재 속으로 뛰어 들어가라. 어떤 아버지든 자기 자식에게는 인정을 베풀듯이 하나님도 당신에게 연민의 정을 가득 품고 계신다. 당신이 하나님께 가져올 수 있는 것이 얼마나 적은지는 생각하지 말고, 하나님이 당신에게 베풀어주기를 원하시는 것이 얼마나 많은지를 생각하라. 오직 당신 자신을 하나님 앞에 내어 놓고, 하나님의 얼굴을 바라보면서 오직 하나님의 사랑만을 생각하라. 하나님의 놀랍고 부드럽고 인정 많은 사랑 말이다.

그러므로 우리는 그냥 예수님이 말씀하신 대로 행하면 된다. 문을 닫아걸고 은밀한 곳에 계시는 하나님 아버지께 기도하면 된다. 무한하신 하나님께 홀로 나아가 그분의 얼굴을 바라보면서 "아빠 아버지!"라고 부르짖으면 된다. 그러면 "은밀한 중에 보시는 네 아버지께서 (공개적으로) 갚으시리라." 여기에서 예수님은 은밀한 기도가 쓸모없는 것이 아니라 그 축복이 우리의 삶에 구체적으로 나타난다는 확신을 불어넣고 계신다. 우리는 은밀하게 하나님과 만나는 중에 사람보다 하나님께 우리의 인생을 의탁하게 되며, 그러면 하나님이 우리에게 공개적으로 보상하실 것이다. 하나님은 기도 응답이 우리를 향한 그분의 축복 가운데 분명하게 드러나게 된다는 사실을 확실하게 보여주실 것이다.

우리의 주님은 이렇게 가르치기를 원하신다. 하나님이 무한한 부성애와 신실함을 가지고 은밀한 중에 우리를 만나주시는 것과 마찬가지로, 우리 편에서도 역시 어린아이와 같은 단순한 믿음으로 드리는 기도가 커다란 축복을 가져온다는 확신이 있어야 한다.

골방의 축복은 내가 얼마나 강한 느낌이나 뜨거운 열망을 가지고 하나님께 기도하느냐에 달린 것이 아니다. 그것은 내가 모든 필요를 전부 맡겨드리는 하나님의 사랑과 권능에 달려 있다. 그러므로 우리 주님에게는 단 한 가지 소망이 있을 뿐이다. 곧 우리에게는 하나님 아버지가 계신다는 것과 하나님은 은밀한 중에 보고 들으신다는 사실을 기억하기 바란다는 것이다. 그리고 거기로 나아가서 가만히 머물러 있기를 원하신다는 것이다. 우리는 하나님이 상 주신다는 확신을 가지고 다시금 거기로 나아가야 한다. 하나님을 신뢰하고, 하나님을 의뢰하며, 하나님께 드리는 기도는 결코 헛되지 않는다는 확신을 가지고 나야가야 한다. 그러면 하나님은 반드시 당신에게 공개적으로 보상하실 것이다.

하나님 아버지의 사랑 안에서 이 믿음을 더욱 단단하게 확신

하기 위하여 예수님은 세 번째 당부를 잊지 않으신다. "하나님 너희 아버지께서는 너희가 구하기 전에 너희에게 필요한 것이 무엇인지를 알고 계신다"(마 6:8, 새번역). 얼핏 보아서 이 말씀은 마치 기도가 별로 필요 없다는 말씀처럼 보일 수도 있다. 왜냐하면 하나님은 우리에게 필요한 것을 우리보다 훨씬 더 잘 알고 계시기 때문이다. 그러나 기도가 무엇인지에 관해 좀 더 깊은 통찰을 얻게 되면 이 진리는 우리의 믿음을 강화시키는 데 훨씬 더 기여하게 된다. 그것은 우리가 이방인처럼 중언부언하면서 많은 말을 의미 없이 늘어놓을 필요는 없다는 사실을 가르쳐준다.

그것은 다음과 같은 의문이 들 때도 기도하는 가운데 거룩한 사색과 침묵으로 우리를 이끌 것이다. "나에게 이런 것이 필요하다는 사실을 하나님 아버지께서 정말로 알고 계실까?" 우리가 기도로 요청하는 것이 하나님의 영광을 위하여 우리에게 필요한 것이라는 확신으로 성령님이 우리를 인도해 가실 때 그 진리는 우리에게 놀라운 확신을 불어넣는다. "우리 하나님 아버지는 그것이 나에게 필요할 뿐만 아니라 반드시 나에게 있어야 한다는 사실을 잘 알고 계신다." 그런데 만약 기도 응답이 지체된다면 조용히 인내하는 가운데 계속해서 "아버지여, 당신은 그것이 저에게 필요한 줄을 잘 알고 계십니다"라고 끈질기게 기도해야 한다.

우리가 하나님께로 가까이 나아갈 때 우리의 선생이신 예수님이 우리 안에 기쁜 마음으로 허락하신 자유와 단순함은 얼마나 복된 것인가! 때때로 우리는 기도하는 가운데 열정적이고 긴급한 간구에 몰입한 나머지 하늘 아버지께서 이미 알고 계신다는 사실조차 잊어버릴 때에도 여전히 이렇게 고백한다. "우리 아버지는 이미 보고 계시며, 우리 아버지는 이미 듣고 계시며, 우리 아버지는 이미 알고 계신다." 그것은 우리의 믿음을 도와서 이렇게 고백하게 만든다. "우리가 무엇을 구하든지 하나님이 우리의 청을 들어주신다는 것을 알면, 우리가 하나님께 구한 것들은 우리가 받는다는 것도 압니다"(요일 5:15, 새번역).

그러므로 기도하는 법을 배우기 위하여 이제 막 그리스도의 학교로 들어간 우리 모두는 이러한 교훈들을 취하여 연습하고, 그것을 완벽하게 소화하기 위하여 하나님을 더욱 신뢰해야 한다. 자주 문을 닫아걸고 은밀한 내실로 들어가 거기에 한동안 머물러 있어야 한다. 사람들에게 아무런 방해도 받지 않는 곳에 틀어박혀 오직 하나님과 시간을 보내야 한다. 하나님 아버지께서 당신을 기다리고 있는 곳이 바로 거기이며, 예수님이 기도하는 법을 가르쳐주실 곳도 바로 거기이다.

은밀한 곳에서 홀로 하나님과 지내는 것, 바로 이것이야말로 당신에게 가장 큰 기쁨을 선사한다. 하나님 아버지께서 은밀한 기도를 공개적으로 보상하신다고 확신하면서 그대로 머물러 있는 것, 이것이야말로 당신에게 날마다 새로운 힘을 불어넣어준다. 그리고 하나님 아버지께서 당신이 구하는 것이 당신에게 필요하다는 사실을 알고 계신다는 것, 바로 이것이야말로 그리스도 예수 안에 있는 영광의 부요함을 따라 당신의 모든 필요를 채우는 자유를 누리게 한다.

04
Only Prayer is Ability _ Part 1

기도 응답에 대한 확신을 가져라

구하라 그리하면 너희에게 주실 것이요 찾으라 그리하면 찾아낼 것이요 문을 두드리라 그리하면 너희에게 열릴 것이니 구하는 이마다 받을 것이요 찾는 이는 찾아낼 것이요 두드리는 이에게 열릴 것이니라. 마태복음 7:7-8.

우리 주님은 산상설교를 하시면서 기도에 관해 두 번째 말씀을 하신다. 산상설교 중에서 첫 번째 기도에 관한 말씀을 통하여 은밀한 중에 계시면서 공개적으로 보상하시는 하나님 아버지를 언급하셨다. 그리고 여기서 예수님은 기도에 관한 모든 성경 말씀 중에서 가장 중요한 말씀을 가르쳐주신다. 곧 하나님께서 우리의 기도를 듣고 응답해주실 것이라는 확신 말이다.

우리는 거의 동일한 의미를 담고 있는 이 말씀을 우리 주님이 어떻게 활용하시는지, 그리고 그럴 때마다 얼마나 분명하게 그 약속을 되풀이하시는지 알아야 한다. "너희가 받을 것이요, 너희는 찾아낼 것이요, 너희에게 열릴 것이다." 그다음에는 이와 같은 확신을 위한 기초로서 하나님 나라의 법칙을 제시하신다. "구하는 이마다 받을 것이요, 찾는 이는 찾아낼 것이요, 두드리는 이에게는 열릴 것이니라."

우리는 예수님이 6번이나 동일한 말씀을 반복하면서 얼마나 이와 같은 진리를 우리 마음속에 강한 인상으로 남겨두기 원하시는지 알 수 있다. 곧 우리는 아주 강한 확신을 갖고 우리의 기도에 대한 응답을 기대할 수 있고, 기대해야 한다는 것이다. 기도학교의 전 과정 중에서 하나님 아버지의 사랑에 대한 계시 다음으로 중요한 교훈이 이것이다. 곧 구하는 이마다 받을 것이라는 말씀이다.

우리 주님이 사용하신 세 단어 "구하라, 찾아라, 두드리라"는 말씀에서 나타나는 의미상의 차이를 사람들은 오랫동안 연구해 왔다. 만약 실제로 그분의 의도가 그랬다면, 첫 번째로 "구하라"는 말은 우리가 늘 달라고 기도하는 선물을 뜻한다. 그러나 바로 이 최고의 수혜자가 없더라도 그 선물을 구하여 받을 수 있을지도 모른다. "찾아라"는 말은 하나님에 대해 사용되는 성경 용어이다. 예수님은 우리가 하나님을 찾을 수 있다는 확신을 심어주신다. 그러나 오래 지속되는 영구적인 교제로 나아오지 않고서 단지 필요한 시기에만 하나님을 찾는 것으로는 충분하지 않다. "두드린다"는 것은 하나님과 더불어, 그리고 하나님 안에서 머물도록 허락하는 것에 관한 말씀이다. 그러므로 선물을 구하고 받는 것은 최고의 수혜자를 찾아서 발견하는 쪽으로 인도할 것이며, 이것은 다시 하나님 아버지의 집과 사랑으로 나아가는 문을 두드려서 열어젖히는 쪽으로 인도할 것이다.

여기서 한 가지 분명한 사실이 있다. 예수님은 우리에게 구하고 찾고 두드리는 것이 결코 헛되지 않을 일이라는 사실에 대하여 아주 명확하게 말씀하고 계신다. 응답을 받고, 하나님을 발견하고, 하나님의 마음과 집을 여는 것은 확실한 기도의 열매이다.

예수님이 진리를 반복해서 설명하기 위하여 다양한 형식이 필요하다고 생각하셨다는 것은 우리에게 중요한 교훈을 준다. 그것은 예수님이 우리의 마음을 잘 파악하고 계신다는 방증이다. 하나님을 향하여 의심하고 불신하는 태도를 보이는 것이 우리에게 얼마나 자연스러운 일인지, 우리는 기도를 통해 아무런 응답도 없는 종교적인 행위로 얼마나 쉽게 빠져드는 경향을 보이는지. 심지어 하나님이 기도를 들으시는 분이라고 믿을 때조차, 이처럼 약속을 붙잡고 부르짖는 믿음의 기도가 미온적인 태도를 보이는 제자들에게는 너무 높고도 어려운 차원의 영적인 문제에 지나지 않는다는 것이다. 그러므로 예수님은 기도하는 법을 배우고 싶어 하는 사람들에게 애초부터 기도 응답의 확신을 깊이 넣어두려는 의도에서 반복해서 말씀하신 것이다.

기도는 우리에게 굉장히 많은 유익을 가져다준다. 구하라, 그러면 받을 것이다. 구하는 이마다 받을 것이다. 이것은 하나님 나라의 영원히 변하지 않는 고정된 법칙이다. 그런데 만약 당신이 구하고서도 받지 못한다면 그것은 분명히 기도에서 무엇인가를 **빼먹었거나** 더 필요한 것이 있기 때문이다. 여기서 잠깐! 성령님이 당신에게 올바로 기도하는 법을 가르쳐주시도록 해야겠지만 "구하는 이마다 받을 것이다"라는 말씀으로 예수님이 당신을 각성시키기를 원하신다고 확신하지는 마라.

"구하라, 그리하면 너희에게 주실 것이요." 예수님이 기도학교를 통하여 이보다 강력하게 끈질긴 기도를 촉구하신 적은 없다. 학생이 정답을 제시하기 위해서는 당연히 검산을 해야 하는 것과 마찬가지로, 우리가 올바로 기도해 왔다는 증거는 바로 응답에 있다. 만약 우리가 제대로 구하지도 받지도 못하고 있다면 그것은 우리가 올바로 기도하는 법을 배우지 못했기 때문이다.

그러므로 그리스도의 기도학교에 있는 모든 학생은 가장 단순한 형태로 주님의 말씀을 따라야 한다. "구하는 이마다 받을 것이다."

우리 주님이 그렇게 무조건적으로 말씀하실 만한 충분한 이유가 있다. 우리는 자신의 인간적인 지혜로 그 말씀을 약화시키고 있다는 사실을 인식해야 한다. 주님이 우리에게 천상의 일들을 말씀하실 때 그분의 말씀을 그대로 믿도록 하라. 그분의 말씀을 전적으로 믿는 사람에게는 그 말씀 자체가 스스로 자연스럽게 설명될 것이다.

만약 어떤 질문과 어려운 문제가 생기면 그 말씀을 충분히 이해하고 받아들일 수 있을 때까지 그냥 넘어가려고 하지 마라. 절대로 그렇게 하지 마라! 주님이 말씀 자체로 이 모든 문제를 해결하시도록 온전히 맡겨라. 우리가 해야 할 일은 먼저 그분의 약속을 온전히 받아들여서 굳게 붙잡는 것이다. 우리의 은밀한 골방에서도, 우리 마음의 은밀한 내실에서도 역시 이 말씀이 빛의 문자로 아로새겨지도록 해야 한다. 곧 "구하는 이마다 받을 것이다."

예수님의 가르침에 따르면 기도는 두 부분으로 구성되어 있으며 양면성이 있다. 곧 인간적인 영역과 신적인 영역이다. 인간적인 영역은 구하는 것이며, 신적인 영역은 주는 것이다. 인간적인 측면에서 두 가지를 생각한다면 구하는 것과 받는 것이 있다. 두 반쪽이 만나서 온전한 하나를 이루게 된다. 마치 주님은 응답이 없는데도 안심하고 있어서는 절대로 안 된다고 말씀하시고 싶은 것처럼 보인다. 기도 응답은 하나님의 뜻이며, 하나님 아버지께 속한 가정에게는 일종의 법칙이기 때문이다.

어린아이와 같은 믿음의 간구는 응답을 받는 것이 당연하다. 아무런 응답도 얻지 못한다고 해서, 게으름을 피우며 그냥 가만히 앉아서 포기해야겠다고 말하면서, 응답하시는 것이 하나님의 뜻이 아닌가 보다고 생각해서는 안 된다. 결코 그런 것이 아니다! 물론 하나님은 어린아이와 같은 믿음의 기도를 듣고 싶어 하시는데, 우리의 기도에 그렇지 않은 부분이 분명히 있을 수 있다. 그러나 우리는 그렇게 기도할 수 있는 은혜를 구하여 반드시 응답받을 수 있도록 해야 한다. 우리는 자신을 내드리기보다는 아무런 응답도 없는데 스스로 포기하는 것을 더 쉽게 생각한다.

기도 응답에 대한 분명한 체험이 없는데도 불구하고 그냥 만족하는 사람들이 너무나 많다는 사실은 오늘날 그리스도인의 삶이 병든 상태임을 증명하는 끔찍한 표지들 가운데 하나이다. 그 사람들 역시 날마다 기도하고, 많은 것을 구하고 있으며, 그 가운데 어떤 것은 들어주실 거라고 믿지만, 일상생활의 규칙처럼 매우 직접적이고 명확한 기도 응답에 관해서는 거의 알지 못한다.

그런데 하나님 아버지께서 원하시는 게 바로 이것이다. 하나님은 자녀들의 간구에 세심하게 귀를 기울이고 거기에 응답하시면서 자녀들과 날마다 소통하길 원하신다. 하나님은 내가 분명한 기도제목을 가지고 날마다 하나님께로 나아오기를 원하시며, 내가 날마다 구한대로 살아가기를 바라신다. 옛 성도들이 하나님을 살아계신 분으로 알고 찬양하면서 사랑을 고백할 수밖에 없을 정도로 감동에 빠졌던 것은 바로 하나님의 응답 때문이다. 우리의 유일한 선생님은 우리의 마음에 이와 같은 경험을 아로새기기 원하신다. 기도와 응답은 자녀가 구하고 아버지가 주시는 것처럼 서로 밀접하게 연결되어 있다.

기도의 요청이 하나님의 말씀에 따르지 않은 것이기 때문에 응답이 거절되는 경우도 물론 있을 수 있다. 가령 모세가 가나안 땅으로 들어가게 해달라고 간구했을 때처럼 말이다. 그러나 거기에도 응답은 있었다. 하나님은 그분의 뜻에 관하여 불확실한 상태로 남아 있도록 그분의 종을 가만히 내버려두지 않으셨다. 이방신들은 벙어리라 아무 말도 할 수 없다. 그러나 우리 하나님 아버지는 그분의 자녀가 구하는 것을 줄 수 없을 때에는 그 사실을 정확히 알려주셔서 그 자녀가 자신의 간구를 철회하도록 하신다. 하나님의 종 모세와 하나님의 아들 예수님은 자신의 간구가 하나님의 말씀을 제대로 따르지 않고 있다는 사실을 잘 알고 있었다. 두 사람의 기도는 그와 같은 하나님의 결정이 바뀔 수 있는지를 여쭙는 겸손한 탄원이었다.

하나님은 가르칠 만한 사람, 하나님께 시간을 내주는 사람에게만 자신의 말씀과 성령으로 가르치실 것이다. 그 사람의 기도 요청이 하나님의 뜻을 따르는 것이든 아니든 간에 상관없이 말이다. 혹시라도 자신의 기도가 하나님의 마음에 합하지 않는다면 그 기도를 기꺼이 철회하도록 하라. 아니면 응답을 받을 때까지 끈질기게 기도하라. 기도하면 반드시 응답을 받는다고 약속되어 있다. 하나님 아버지와 그분의 자녀들 사이에서 사랑의 교제가 일어날 수 있는 것은 바로 기도와 응답을 통해서다.

우리가 그러한 약속들을 믿기 쉽거나 어려운 것은 우리의 마음이 하나님으로부터 얼마나 멀리 떨어져 있느냐가 결정적인 이유가 된다. 우리가 그 말씀을 받아들이고 그와 같은 진리를 믿는다고 할지라도 그 말씀을 완전히 소유하고 그 안에서 마음으로 기뻐하는 믿음은 굉장히 천천히 찾아온다. 그것은 바로 우리의 영성생활이 아직도 굉장히 허약하기 때문이며, 하나님의 생각을 그대로 취할 만한 역량이 너무나 취약하기 때문이다.

만약 우리가 단순하게 하나님의 말씀을 취하여 그분의 성령을 통해 우리 안에서 그 말씀들이 생명과 능력을 허락하도록 예수님을 신뢰한다면, 그 말씀들은 우리의 내적인 존재 안으로 흔쾌히 들어와 우리를 소유하게 될 것이다. 그래서 우리는 자신이 올려드리는 모든 간구가 "구하라, 그리하면 너희에게 주실 것이요"라는 예수님의 말씀에 따라 하늘로 올라갈 때까지 기도하게 될 것이다.

예수님의 기도학교에 있는 사랑하는 동료 제자들이여, 이 교훈을 잘 배우도록 하라. 이러한 말씀들이 전하는 의미 그대로 취하도록 하라. 인간의 이성이 그 힘을 약화시키도록 가만히 내버려두지 마라. 예수님이 전하고 믿으신 그대로 이러한 말씀들을 취하도록 하라. 예수님은 적절한 때에 그러한 말씀들을 온전히 이해하는 법을 우리에게 가르쳐주실 것이다. 그 말씀들을 절대적으로 믿음으로써 시작하도록 하라. 그리고 기도할 때마다 "구하는 이마다 받을 것이다"라는 주님의 음성에 귀를 기울이기 위하여 시간을 할애하도록 하라.

우리의 불신앙이라는 연약한 경험이 우리의 믿음으로 기대할 수 있는 것들을 재단하지 않도록 주의하라. 기도에 열심히 매달리는 시기뿐만 아니라 언제든지, 다음과 같은 확신을 굳게 붙들 수 있도록 노력하라. 곧 이 땅에서 인간의 기도와 하늘에서 하나님의 응답은 상호적인 의미를 지니고 있다는 확신 말이다. 그렇게 기도하여 응답받을 수 있도록 우리를 가르치시는 예수님을 신뢰하라. 예수님이 오늘 우리에게 전해주시는 말씀, 곧 "구하라, 그리하면 너희에게 주실 것이요"라는 말씀을 굳게 붙잡는다면 하나님은 반드시 우리에게 그렇게 행하실 것이다.

05

Only Prayer is Ability _ Part 1

더 좋은 것을 주시는 하나님을 기대하라

너희 중에 누가 아들이 떡을 달라 하는데 돌을 주며 생선을 달라 하는데 뱀을 줄 사람이 있겠느냐. 너희가 악한 자라도 좋은 것으로 자식에게 줄 줄 알거든 하물며 하늘에 계신 너희 아버지께서 구하는 자에게 좋은 것으로 주시지 않겠느냐. 마태복음 7:9-11.

이러한 말씀을 통해 예수님은 기도 응답의 확실성에 관하여 자신이 말씀하신 것들을 확증하기 위해 한 걸음 더 나아가신다. 온갖 의구심을 걷어내고, 그분의 약속이 기초하고 있는 확실한 근거를 우리에게 보여주기 위하여, 예수님은 모든 사람이 여기 이 땅에서 보고 경험한 것들에 호소하고 계신다.

우리는 모두 자녀이며, 우리 아버지에게 무엇을 기대해야 하는지를 잘 알고 있다. 우리는 아버지들이며(또한 계속해서 아버지들을 만나고 있다), 어디서든 우리는 아버지가 자기 자녀에게 귀를 기울이는 것을 지극히 자연스러운 일이라고 생각한다. 그런데 예수님은 아무리 최고의 부모라도, 단지 죄인에 지나지 않는 이 세상 부모에게서 눈을 돌려 하늘에 계신 하나님 아버지께서 자신에게 간구하는 사람들에게 얼마나 더 좋은 선물을 주실 것인지 가만히 헤아려 보라고 요청하신다.

예수님은 죄인인 인간보다 하나님이 얼마나 더 훌륭하신 분인지를 올바로 보도록 우리를 인도하신다. 하나님이 이 세상의 어떤 아버지보다 우리의 어린아이 같은 간구를 훨씬 더 확실히 들어주신다는 사실을 우리가 얼마나 더 크게 확신해야 하는지 제대로 깨닫도록 인도하신다. 하나님이 인간보다 훨씬 더 훌륭하신 만큼 이 세상에 있는 아버지보다 하늘에 계신 하나님 아버지께서 훨씬 더 확실하게 기도를 들어주실 것이다.

우리가 이 비유를 아주 쉽게 이해할 수 있는 것과 마찬가지로, 거기에는 심오하고 영적인 가르침 역시 상당히 많이 내포되어 있다. 예수님이 우리에게 상기시켜주시는 것은 자녀의 기도가 지니는 영향력은 부모와 어떤 관계를 유지하고 있는지에 따라 크게 달라진다는 점이다. 오직 그 자녀가 부모와 살아 있는 관계를 맺고 있을 때라야 그 기도는 영향력을 발휘할 수 있게 된다. 그럴 때라야 하나님 아버지의 집에서, 사랑 안에서, 섬김에서 커다란 영향력을 발휘하게 된다.

"구하라, 그리하면 너희에게 주실 것이요"라는 약속에서 나오는 능력은 자녀로서 우리와 하늘에 계신 아버지 사이의 사랑 넘치는 관계에 달려 있다. 우리가 그와 같은 관계 안에서 살아가고 걸어갈 때 믿음의 기도와 그에 대한 응답은 자연스러운 결과일 것이다. 그러므로 그리스도의 기도학교에서 우리가 명심해야 할 교훈은 바로 이것이다. 하나님의 자녀로 살아가라. 그러면 당신은 자녀로서 기도할 수 있을 것이며, 자녀로서 하나님이 그 기도를 들어주신다고 강하게 확신할 수 있을 것이다.

그렇다면 참된 자녀의 삶이란 도대체 무엇인가? 그 대답은 우리 주변의 어느 가정에서나 쉽게 찾아볼 수 있다. 자기 마음대로 아버지의 집을 떠난 까닭에, 아버지의 존재와 사랑과 순종을 통하여 온전한 기쁨을 누리지 못하고 있는데도, 여전히 자기가 원하는 것을 구하기만 하면 언제든지 받을 수 있다고 생각하는 자녀는 분명히 실망할 수밖에 없을 것이다. 그와 반대로 아버지와 상호작용, 아버지의 뜻과 영예와 사랑이 자기 인생의 전적인 즐거움인 자녀가 요청하는 대로 응답하는 것은 아버지의 큰 기쁨일 것이다.

"무릇 하나님의 영으로 인도함을 받는 사람은 곧 하나님의 아들이라"(롬 8:14). 모든 것을 요구할 수 있는 자녀의 특권은 성령님의 인도하심 아래 있는 자녀다운 삶과 결코 분리할 수 없다. 성령님이 자기 인생을 인도하시도록 자신을 내드리는 자녀는 기도하는 가운데서도 역시 성령님이 인도하시도록 할 것이다. 그러면 이 자녀는 그러한 아버지의 베풂이 자녀다운 삶에 대한 신적인 반응임을 깨닫게 될 것이다.

이와 같은 자녀다운 삶이 어떤 것인지 알아보기 위하여, 어떤 자녀다운 간구와 믿음이 그 기초를 이루는지 알아보기 위하여 우리는 오직 주님이 하나님 아버지와 그분의 자녀들에 대해 산상설교에서 무엇이라고 가르치셨는지를 주목해볼 필요가 있다. 이를 통해 기도에 관한 그와 같은 약속은 우리 삶의 살아 있는 교훈으로 깊숙이 파고든다. 이 두 가지는 서로 분리될 수 없는 것이다. 우리 주님이 그 약속과 연관시키는 모든 것에 대해서도 역시 받아들이는 자만이 그 약속의 성취를 손꼽아 기다릴 수 있다.

"구하라, 그리하면 너희에게 주실 것이요"라는 말씀을 통해 우리 주님은 마치 이렇게 말씀하시는 것 같다. 내가 팔복에서 어린아이 같은 가난과 순수함이 있다고 묘사한 사람들에게, 내가 "그들이 하나님의 아들이라 일컬음을 받을 것임이요"(마

5:9)라고 말한 사람들에게, "이같이 너희 빛이 사람 앞에 비치게 하여 그들로 너희 착한 행실을 보고 하늘에 계신 너희 아버지께 영광을 돌리게 하라"(마 5:16)고 말한 자녀들에게, "이같이 한즉 하늘에 계신 너희 아버지의 아들이 되리니"(마 5:45)라는 말씀을 따라 사랑 가운데 걸어가면서 "그러므로 하늘에 계신 너희 아버지의 온전하심과 같이 너희도 온전하라"(마 5:48)는 말씀대로 살아가려고 애쓰는 자들에게, 금식과 기도와 자선을 사람들이 아니라 "은밀한 중에 보시는 하나님 아버지" 앞에서 행하는 자들에게(마 6:1-18), "너희가 사람의 잘못을 용서하면 너희 하늘 아버지께서도 너희 잘못을 용서하시려니와"라는 말씀대로 용서를 베푸는 사람들에게, 먼저 하나님 나라와 의를 구하면서 (마 6:26-32) 온갖 세상적인 필요 가운데 하늘에 계신 아버지를 신뢰하는 사람들에게, "나더러 주여 주여 하는 자마다 다 천국에 들어갈 것이 아니요, 다만 하늘에 계신 내 아버지의 뜻대로 행하는 자라야 들어가리라"(마 7:21)는 말씀을 마음에 새기고 살아가는 사람들에게 내가 이러한 약속들을 주는 것이라고 말이다.

그렇게 살아가는 사람들이야말로 하나님 아버지의 자녀들이며, 그렇게 살아가는 삶이야말로 하나님 아버지의 사랑과 섬김 안에서 이루어지는 삶이다. 그러한 자녀다운 삶에서 응답받는 기도가 더욱 확실해지고 풍성해진다.

그러나 이러한 가르침이 오히려 연약한 자들에게는 실망을 안겨주지 않겠는가? 만약 우리가 먼저 이와 같은 자녀의 초상을 그대로 따라가야 한다면 많은 사람들이 기도 응답에 관한 모든 소망을 포기해야 하지 않겠는가? 그러나 만약 우리가 아버지와 자식의 복된 이름을 다시 생각한다면 그 모든 어려움은 사라지고 말 것이다. 물론 아이는 연약할 수 있지만 연령대와 은사에 따라 아이들 사이에도 커다란 차이가 존재한다. 예수님은 우리에게 율법의 완전한 성취를 요구하시는 것이 아니라 순종과 진리 안에서 주님과 더불어 살아가는 아이로서, 어린아이처럼 온 마음을 다하여 자기 자신을 포기하라고 요구하시는 것뿐이다. 그 이상도, 그 이하도 아니다.

하나님 아버지는 이처럼 우리의 온 마음을 다 가지셔야 한다. 이 마음을 하나님께 온전히 드릴 때, 하나님의 자녀로서 살아가기 위해 모든 것을 추구하면서 정직한 목적과 끈기 있는 의지를 품고 살아가는 자녀를 바라보실 때 그 기도는 사랑하는 자녀의 기도로써 하나님께 상달될 것이다. 누구든 산상수훈을 단순하고 정직하게 공부해서 삶의 지침으로 그것을 받아들이도록 하라. 그러면 아무리 연약하고 실패를 거듭하더라도 그 사람은 기도와 관련된 약속들을 성취하도록 요구할 수 있는 자유를 점점 더 많이 발견하게 될 것이다. 하나님 아버지와 하나님의 독생자 아들의 이름 안에서 그 사람은 자신의 간구가 응답받는다는 확실한 보증을 받게 될 것이다.

　이것이 바로 예수님의 주된 생각이며 모든 학생이 받아들이기를 원하는 생각이다. 효과적인 기도의 비결이 바로 이것이다. 하나님 아버지의 사랑으로 가득한 마음을 소유하는 것이다. 하나님은 자신의 이름에 담긴 총체적인 의미를 이해하도록 우리로 하여금 시간을 갖게 하실 것이다. 우리는 이 세상에서 자신이 알고 있는 최고의 아버지를 떠올리면서, 그 아버지가 자녀의 요구사항을 들어주면서 보여주시는 다정함과 사랑에 관하여 생각해야 하며, 그 아버지가 온갖 합리적인 소망을 통하여 허락하시는 사랑과 기쁨을 생각해야 한다.

　그런 다음 하나님 아버지의 무한하신 사랑과 부성애를 찬양하고 경배하려고 할 때, 하나님이 얼마나 큰 기쁨과 다정함으로 자신에게 나아오는 우리를 바라보면서 우리가 올바로 구하는 것을 어떻게 허락하시는지를 심사숙고해 보아야 한다.

　그다음으로 이와 같은 거룩한 헤아림이 얼마나 우리의 이해를 넘어서는지 볼 때, 우리는 자신의 이야기를 들어주기 위하여 하나님이 어떻게 준비하고 계시는지 제대로 이해하는 것이 얼마나 불가능한 일인지 느끼게 된다. 그런 다음에야 하나님은 우리로 하여금 성령님을 향하여 가까이 다가가 우리의 마음을 열게 하셔서 거기에서 하나님의 사랑이 흘러넘치게 하실 것이다.

오직 기도하고 싶을 경우에만 그렇게 하는 것이 아니라 그 사랑 안에 머물러 있기 위하여 우리의 마음과 삶을 주님께 온전히 양도해야 한다. 무언가 요구할 것이 있을 경우에만 아버지의 사랑을 알고 싶어 하는 자녀는 실망할 수밖에 없다. 그러나 하나님이 항상 모든 것에서 아버지가 되도록 하는 자는, 아버지의 임재와 사랑 안에서 필사적으로 총체적인 삶을 살아가기 원하는 자는, 그분의 사랑으로 말미암은 온갖 위대한 것들을 통하여 하나님으로 하여금 자신에게 아버지가 되게 하는 자는 하나님의 무한하신 부성애와 지속적인 기도 응답 안에서 살아가는 삶이 결코 분리될 수 없다는 가장 영광스러운 경험을 누리게 될 것이다.

사랑하는 동료 제자들이여, 우리는 이제 우리가 왜 그렇게도 기도 응답을 받지 못하는지 제대로 이해해야 하며, 예수님이 자신의 기도학교에서 우리를 위하여 어떤 교훈을 예비하고 계신지 이해해야 한다. 우리는 그리스도의 기도학교에서 반드시 터득해야 하는 것으로써 기도 세계의 몇 가지 신비에 관하여 지금까지 새롭고 깊은 통찰을 보았다. 예수님이 가장 먼저 말씀하시는 것은 가장 고귀한 교훈이다.

우리는 "아빠 아버지!"라고, "하늘에 계신 우리 아버지여!"라고 기꺼이 말하는 법을 배워야 한다. 흔쾌히 이렇게 말할 수 있는 사람은 모든 기도의 열쇠를 소유하게 된다. 아버지가 연약하고 아픈 자녀에게 귀를 기울이면서 갖게 되는 온갖 안타까운 마음 안에서, 더듬거리며 말하는 아이의 이야기를 귀담아 들어주면서 갖게 되는 온갖 즐거움을 통하여, 생각 없이 부주의한 아이를 참아주시는 온갖 인내심을 통하여 우리는 아주 많은 거울을 들여다보듯이 우리 아버지의 마음을 배워야 한다. 모든 기도가 이와 같은 거룩한 말씀에 관한 믿음을 기초로 하늘에 올라갈 때까지 말이다. "너희가 악한 자라도 좋은 것으로 자식에게 줄 줄 알거든 하물며 하늘에 계신 너희 아버지께서 구하는 자에게 좋은 것으로 주시지 않겠느냐"(마 7:11).

The Prayer Best Collection 1

P·A·R·T·2
능력 있는 기도에 담긴 놀라운 은혜

01

Only Prayer is Ability _ Part 2

디딤돌이 되시는 성령님께 의탁하라

너희가 악할지라도 좋은 것을 자식에게 줄 줄 알거든 하물며 너희 하늘 아버지께서 구하는 자에게 성령을 주시지 않겠느냐 하시니라. 누가복음 11:13.

산상설교를 통하여 우리 주님은 하물며 더 좋은 것을 주시지 않겠느냐는 놀라운 말씀을 전하셨다. 그러나 그 질문을 되풀이하여 반복하고 있는 누가복음에서는 약간의 차이가 있다. 그때처럼 더 좋은 선물을 주시겠다고 직접적으로 언급하시는 대신 "하늘에 계신 아버지께서야 구하는 사람에게 더 좋은 것, 곧 성령을 주시지 않겠느냐?"(공동번역)고 말씀하신다. 그러니까 예수님은 이러한 선물들 중에서 가장 중요한 선물은 성령이라고 말씀하시는 것이다. 아니 그보다는 이 선물이 다른 모든 선물을 아우를 수 있다고 말씀하시는 것이다.

성령이야말로 하나님 아버지께서 베푸시는 선물 중에 가장 중요한 것이며, 베푸시기를 기뻐하시는 선물이다. 그러므로 성령이야말로 우리가 가장 먼저, 가장 중요하게 추구해야 하는 선물이다.

말로는 다 표현할 수 없는 이 선물의 가치를 우리는 쉽게 이해할 수 있다. 우리 주 예수님은 성령을 "아버지께서 약속하신 것"(행 1:4), 곧 그 안에서는 하나님의 아버지 되심이 고스란히 드러나는 약속이라고 말씀하셨다. 이 세상에서 가장 지혜롭고 좋은 아버지께서 자녀에게 줄 수 있는 가장 멋진 선물은 자기 자신의 영을 자녀에게 불어넣는 것이다. 자녀에게 자기 자신의 기질과 성격을 그대로 재현하는 것, 이것이 바로 자녀를 교육시키는 아버지의 가장 큰 목적이다.

그 자녀가 자기 아버지를 잘 알고 이해한다면 그 아이는 자라나서 아버지의 뜻과 계획에 전적으로 헌신하게 될 것이다. 그 자녀가 자기 아버지에게서, 그 아버지가 자기 자녀에게서 가장 커다란 기쁨을 맛본다면 그 아이는 아버지와 동일한 마음과 영을 품을 수밖에 없게 된다.

그러므로 하나님이 그분의 자녀들에게 그분의 성령보다 더 고귀한 선물을 주신다는 것은 거의 불가능하다. 하나님은 그분의 성령을 통하여 자기 존재를 드러내신다. 성령은 하나님의 생명이시다. 그것이 무슨 의미인지 가만히 생각해보라. 하나님은 이 세상에 있는 자녀들에게 그분 자신의 성령을 보내주셨다.

하나님 아버지의 성령이 예수님 안에 계신다는 사실은 이 땅에 임한 아들로서 예수님의 영광이 아니었겠는가? 요단강에서 세례를 받는 과정에서는 두 가지 일이 동시에 일어났다. 하나는 예수님을 사랑하는 아들이라고 선포하신 하나님의 음성이었으며, 다른 하나는 성령이 예수님께 내려오신 것이었다. 그리하여 사도 바울은 우리에게 이렇게 말하고 있다. "너희가 아들이므로 하나님이 그 아들의 영을 우리 마음 가운데 보내사 아빠 아버지라 부르게 하셨느니라"(갈 4:6).

어떤 왕이든 자기 아들을 전인적으로 교육하여 그에게 제왕다운 기상을 불어넣으려고 애쓸 것이다. 하늘에 계신 우리 아버지는 자신이 머물고 계신 거룩한 천상의 삶을 위하여 그분의 자녀인 우리를 교육하고 싶어 하신다. 이를 위하여 하나님은 마음 속 깊은 곳에서부터 우리에게 자신의 성령을 불어넣고 싶어 하신다. 자신의 보혈로 속죄 사역을 감당하신 이후에, 예수님이 우리를 위하여 하나님의 임재 속으로 들어가 우리 안에 머물 수 있도록 성령을 내려보낼 때 그분의 총체적인 목표를 성취하셨다. 아버지와 아들의 영으로서 아버지와 아들의 총체적인 생명과 사랑이 성령 안에 있다.

그러므로 성령님은 우리에게로 내려와 우리 안에 내주하시면서 삼위 하나님의 교제 속으로 우리를 끌어올리신다. 하나님 아버지의 성령으로서 그분은 하나님 아버지의 사랑을 널리 퍼져나가게 만든다. 그 성령으로 말미암아 하나님 아버지께서 아들을 사랑하셨다는 사실을 우리 마음속에 가르쳐주신다. 또한 그 사랑 안에서 살아가도록 우리를 가르쳐주신다. 성자 예수님의 성령으로서 그분은 우리 안에 어린아이 같은 자유와 헌신과 순종을 불어넣으신다. 성자 예수님은 그와 같은 것들을 통하여 이 땅에서 살아가셨다. 아무리 하나님 아버지라도 이보다 더 고귀하고 놀라운 선물을 우리에게 베푸실 수는 없다. 곧 그분 자신의 거룩한 영이자 아들의 영 말이다.

이 진리는 자연스럽게 하나님의 선물이 모든 기도의 가장 우선적이고 중대한 목적임을 암시한다. 영성생활에 필요한 온갖 것을 위하여 우리에게 필요한 단 한 가지는 바로 이 성령이시다. 모든 충만함은 예수님 안에 있다. 은혜와 진리의 충만함도 예수님 안에 있다. 그로부터 우리는 은혜에 은혜를 더하여 받는다. 약속된 의사전달자로서 성령님의 특별한 사역은 우리를 위하여 예수님과 더불어 그분 안에 존재하는 모든 것이 개인적인 경험을 통해 우리 것으로 바뀌도록 하는 것이다.

성령님은 예수 그리스도 안에 계신 생명의 영이시며, 그분은 바로 그 생명만큼이나 놀라우시다. 우리에게 그 생명을 전수하기 위하여 그러한 대리자를 보내신다는 것은 너무나 놀라운 일이다. 우리가 성령님의 행하심에 전적으로 따르기만 한다면, 성령님이 그분의 방식대로 우리를 소유하도록 내드린다면 그분은 우리 안에 그리스도의 생명을 계시하실 것이다. 그분은 신성한 권능으로 그렇게 하실 것이다. 그분은 끊임없는 연속성을 가지고 우리 안에 그리스도의 생명력을 유지시키실 것이다. 하나님 아버지의 보좌 앞으로 우리를 이끌어 계속 거기에 머물게 하는 기도가 있다면 그것은 바로 성령님께 간구하는 것이다. 하나님의 자녀로서 우리는 성령을 선물로 받았다. 그리하여 성령님은 우리 안에 거대한 충만함이 흘러들어와서 우리를 통해 다시 흘러나가게 하신다.

성령님이 나눠주시는 다양한 은사들 안에서 성령님은 성도들의 모든 필요를 충족시키신다. 그러므로 우리는 여기서 성령을 의미하는 이름들을 한 번 생각해 볼 필요가 있다.

- <u>은혜의 영</u>(히 10:29) : 예수님 안에 있는 모든 은혜를 계시

하고 나눠주신다는 뜻이다.
- <u>믿음의 영</u>(고후 4:13) : 믿음을 시작하여 계속해서 나아가고 성장하도록 우리를 가르쳐주신다는 뜻이다.
- <u>양자와 확신의 영</u>(갈 4:6) : 우리가 하나님의 자녀임을 증거하고, 신뢰할 만한 아빠 아버지에게 영감을 불어넣기 때문이다.
- <u>진리의 영</u>(요 14:17) : 우리를 모든 진리 가운데로 인도하여, 행함과 진실함을 통하여 하나님의 모든 말씀을 우리 것으로 만들어주시기 때문이다.
- <u>기도의 영</u>(슥 12:10) : 성령을 통하여 우리는 하나님 아버지와 이야기를 나누며, 틀림없이 들으시는 기도를 하나님께 올려드리게 된다.
- <u>불로 심판하시는 영</u>(사 28:6) : 성령님은 우리의 마음을 샅샅이 조사하여 죄를 깨우치도록 하신다.
- <u>거룩의 영</u>(행 1:4) : 성령님은 우리 안에 계신 하나님 아버지의 거룩한 임재를 계시하고 소통하신다.
- <u>능력의 영</u>(딤후 1:7) : 성령을 통하여 우리는 하나님 아버지를 섬기는 일을 담대하게 증언하고 효과적으로 실행할 수 있을 정도로 강해지게 된다.
- <u>영광의 영</u>(벧전 4:14) : 성령을 통하여 우리가 물려받을 기

업이 보증되며, 앞으로 다가올 영광을 준비하고 미리 조금씩 맛보게 된다.

우리는 하나님의 자녀로 살아가기 위해 단 한 가지가 필요하다. 그것은 바로 우리가 이와 같은 성령으로 충만해져야 한다는 것이다. 그래서 지금, 우리 주님의 학교에서 예수님이 우리에게 가르쳐주시는 교훈은 바로 이것이다. 곧 우리가 예수님이 말씀하신 것을 어린아이처럼 의지하는 가운데 간구하기만 한다면 하나님이 우리에게 성령을 보내주신다는 사실이다. "너희가 악할지라도 좋은 것을 자식에게 줄 줄 알거든 하물며 너희 하늘 아버지께서 구하는 자에게 성령을 주시지 않겠느냐 하시니라"(눅 11:13). 하나님의 약속에 관한 말씀, 곧 "내가 내 영을 만민에게 (풍성하게) 부어주리니", 그리고 그분의 명령, 곧 "오직 성령으로 충만함을 받으라"(엡 5:18)는 말씀을 통하여 하나님이 우리에게 무엇을 베풀려고 준비하고 계시는지, 그리고 하나님께로부터 무엇을 얻게 되는지를 대략 짐작할 수 있다.

하나님의 자녀로서 우리는 이미 성령을 받았다. 그러나 여전히 필요할 때마다 성령님의 특별한 선물과 운행하심을 위하여 더욱 간구하고 기도해야 할 필요가 있다. 이것뿐만 아니라 성령님을 더욱 완전하고 전적으로 소유하기 위하여 그분 자신을 달라고, 또한 시시때때로 성령님의 끊임없는 인도하심을 위하여 간구해야 할 필요가 있다. 이미 포도나무 수액으로 가득한 나뭇가지는 언제나 그와 같은 수액이 지속적으로 공급될 뿐만 아니라 점차 늘어나기를 간절히 요구하여, 더욱 온전하고 풍성한 열매를 맺게 된다. 마찬가지로 성령님의 임재와 다스림을 기뻐하는 성도는 항상 더 많은 것을 갈망하고 호소하게 된다.

위대한 스승께서 우리가 배우기를 원하는 것은 바로 하나님의 약속과 명령은 절대로 우리의 기대와 기도로 재단할 수 없다는 사실이다. 우리는 넘쳐흐를 정도로 풍성하고 충만해져야 한다. 하나님 아버지의 부성애에 따라 얼마나 더 좋은 것을 주시겠느냐는 말씀은 우리가 구할 때 언제나 가장 확실히 받을 수 있다는 명확한 보증이다. 하나님은 우리가 이렇게 간구하기를 원하고 계신다.

이제 이것을 믿도록 하자. 우리가 성령으로 충만하여 기도할 때 우리의 느낌에 따라 응답을 구하지 않도록 하자. 모든 영적인 축복은 믿음으로 받아야 한다. 다시 말해 믿음을 받아들이거나 취해야 한다는 것이다(여기서 받아서 취한다는 헬라어 단어도 그와 동일하다. 예수님이 "구하는 자마다 받을 것이요"라고 말씀하셨을 때 그분은 최후의 만찬 자리에서 "받아서 먹어라"고 말씀하신 것과 같은 동사를 사용하셨으며, 부활하신 날 아침에

"성령을 받아서" 취하라고 말씀하신 것과 같은 동사를 사용하셨다. '받는다'는 말은 단지 하나님이 주시는 것만을 의미하는 것이 아니라 우리가 받아들인다는 의미도 내포되어 있다).

하나님 아버지께서 기도하는 자녀에게 성령을 주신다는 사실을 믿도록 하자. 지금 이 순간에도 우리는 이렇게 간구해야 한다. "내가 간구하는 것을 나는 소유하고 있습니다. 그러니까 성령의 충만함은 이미 내 것입니다." 확실하게 이 믿음을 지속하도록 하라. 하나님의 말씀으로부터 흘러나오는 능력 위에서 우리는 자신이 간구하는 것을 이미 소유하고 있다는 사실을 믿음으로 받아들여야 한다.

지금까지 우리의 기도를 계속 듣고 계셨다는 사실에 감사하는 마음으로, 지금까지 우리가 받은 것과 취한 것과 이제 우리 것으로 꽉 붙잡고 있는 것들에 감사하는 마음으로, 이미 우리에게 허락되었으며 우리가 믿음으로 꽉 붙잡고 있는 축복을 돌파하여 우리 전 존재를 채울 수 있는 믿음의 기도를 확고하게 지속할 수 있도록 하라. 우리의 영혼을 열어서 성령님이 전적으로 평온한 상태에서 우리를 소유할 수 있도록 하는 것은 이와 같은 믿음의 감사와 기도를 통해서다.

충만한 축복을 위하여 간구하고 소망할 뿐만 아니라 그와 같은 축복을 취하여 꽉 붙잡고 기업으로 물려받는 것은 바로 이러한 기도 덕분이다. 모든 기도를 통해 구세주께서 우리에게 가르쳐주기를 원하시는 교훈을 기억하도록 하라. 우리가 이 땅에서 확실히 알 수 있는 한 가지 사실이 있다면 그것은 바로 이것이다. 하나님 아버지는 그분의 성령으로 우리를 채워주기 원하시며, 또한 우리에게 그분의 성령을 나눠주기를 기뻐하신다는 것이다.

우리가 스스로 이와 같은 사실을 믿는 법을 배웠다면, 날마다 하늘에서 꽉 붙잡을 보화를 취하는 법을 배웠다면 하나님의 교회와 모든 사람을 향하여 특별한 노력을 기울이는 일에 성령으로 채워주시도록 기도하기 위하여 얼마나 놀라운 자유와 능력을 누리겠는가! 일단 스스로 기도하는 가운데 하나님 아버지를 아는 법을 배운 사람은 다른 사람들을 위해서도 역시 확신을 가지고 기도하는 법을 알고 있다. 하나님 아버지는 그분께 간구하는 자들에게 성령을 허락해 주시지만, 그중에서도 다른 사람들을 위하여 간구하는 자들에게 가장 충만하게 성령으로 채워주신다.

02

Only Prayer is Ability _ Part 2

벗된 하나님께 담대히 간청하라

또 이르시되 너희 중에 누가 벗이 있는데 밤중에 그에게 가서 말하기를 벗이여 떡 세 덩이를 내게 꾸어달라. 내 벗이 여행 중에 내게 왔으나 내가 먹일 것이 없노라 하면 그가 안에서 대답하여 이르되 나를 괴롭게 하지 말라. 문이 이미 닫혔고 아이들이 나와 함께 침실에 누웠으니 일어나 네게 줄 수가 없노라 하겠느냐. 내가 너희에게 말하노니 비록 벗됨으로 인하여서는 일어나서 주지 아니할지라도 그 간청함을 인하여 일어나 그 요구대로 주리라. 누가복음 11:5-8.

산상설교를 통해 예수님은 제자들에게 첫 번째 가르침을 주셨다. 제자들이 예수님께 기도하는 법을 가르쳐달라고 요청한 지 거의 일 년이 지날 무렵이었다. 그에 대한 응답으로 예수님은 제자들에게 주기도문을 말씀하면서 기도해야 할 것들을 가르치셨다. 그런 다음에는 어떻게 기도해야 하는지에 관하여 말씀하시고, 하나님이 자신의 아버지 되심과 기도 응답의 확실성에 관하여 이전에 말씀했던 내용을 되풀이하셨다.

그런데 그 사이에 제자들에게 이중적인 교훈을 가르치기 위하여 한밤중에 찾아온 친구에 관한 아름다운 비유를 덧붙이고 계신다. 그 교훈이란 하나님은 우리가 자기 자신을 위해서 기도할 뿐만 아니라 우리 주변에서 죽어가는 사람들을 위해서도 기도하기를 원하신다는 것이다. 그와 같은 중보기도 과정에서 아주 담대한 간청이 자주 필요할 뿐 아니라 그러한 끈질긴 간청은 항상 하나님을 기쁘시게 한다는 것이다.

이 비유는 참된 중보기도에 관한 가르침을 담고 있는 완벽한 보고(寶庫)이다. 먼저 우리 주변의 사람들을 도와주려고 애쓸 때 요구되는 사랑이 어떤 것인지에 관한 교훈이 담겨 있다. "내 벗이 여행 중에 내게 왔으나." 그다음에는 그토록 끈질기게 간청해야 하는 이유가 등장한다. "내가 먹일 것이 없노라." 그러고는 도움을 받을 것이라는 확신이 뒤따라온다. "너희 중에 누가 벗이 있는데 밤중에 그에게 가서 말하기를 벗이여 떡 세 덩이를 내게 꾸어달라."

그런데 바로 뒤에 예상치 않은 거절을 당하게 된다. "나를 괴롭게 하지 말라. 문이 이미 닫혔고 아이들이 나와 함께 침실에 누웠으니 일어나 네게 줄 수가 없노라." 그럼에도 도저히 거절할 수 없는 끈질긴 간청을 다시 계속한다. "비록 벗됨으로 인하여서는 일어나서 주지 아니할지라도 그 간청함을 인하여." 결국 마지막에는 그러한 기도의 보상을 받게 된다. "일어나 그 요구대로 주리라." 아주 흔히 하나님의 축복을 찾아서 받게 되는 그런 기도와 믿음의 방식을 놀라울 정도로 생생하게 진술하고 있다.

기도는 하나님의 우정에 대한 호소라는 아주 중요한 생각에 우리 자신을 집중시키도록 해야 한다. 그러면 우리는 이 두 가지 교훈이 매우 특별하게 제시되고 있다는 사실을 발견하게 될 것이다. 그 한 가지 교훈은 우리가 하나님의 친구이며, 이와 같은 자격으로 하나님께 나아갈 때 우리를 향한 하나님의 우정과 다른 사람들을 향한 우리의 우정은 서로 밀접하게 관련되어 있다는 점이다. 다른 한 가지 교훈은 우리가 그런 식으로 친구 관계에 호소하여 나아갈 때 우리는 기도 응답을 요구할 수 있는 최고의 자유를 얼마든지 활용할 수 있게 된다는 사실이다.

흔히 기도는 이중적으로 활용할 수 있다. 하나는 우리 자신의 삶을 위하여 힘과 축복을 얻으려는 것이고, 다른 하나는 더 고

귀하고 진실한 영광의 기도인데, 곧 예수님이 그분의 교제와 가르침 가운데로 우리를 인도하시는 중보기도이다. 이 기도는 하나님의 자녀가 다른 사람들을 위하여, 심지어 하나님의 나라를 위하여 하늘에서조차 커다란 능력을 발휘하게 되는 왕 같은 제사장의 권리이기도 하다.

우리는 성경에서 모든 거룩한 사람들을 비롯하여 아브라함과 모세, 사무엘과 엘리야가 중보기도를 통해 어떻게 하나님과 동행하는 능력을 가졌으며, 어떻게 그 능력을 널리 퍼뜨렸는지 살펴보게 된다. 우리가 특별히 하나님의 축복을 헤아릴 수 있는 것은 어떤 축복을 받기 위하여 우리 자신을 기꺼이 내드릴 때이다. 우리가 하나님의 우정을 헤아릴 수 있는 것은 바로 가난한 자들과 죽어가는 사람들의 친구인 하나님께 점점 더 가까이 나아갈 때이다. 가난한 자들의 친구인 의로운 사람은 아주 특별한 하나님의 친구이다. 이것은 기도 안에서 놀라운 자유를 허락한다.

"주님! 저에게는 반드시 도와주어야 할 친구가 있습니다. 친구로서 저는 그 사람을 도와주는 일을 시작하였습니다. 당신 안에서 저에게는 무한한 상냥함과 부요함을 소유한 놀라운 친구가 있습니다. 저는 당신께서 제가 구하는 것을 주시리라고 확실히 믿습니다. 제가 아무리 악할지라도 친구에게 할 수 있는 것은 모두 다할 준비가 되어 있는데, 하물며 하늘에 계신 친구께서는 간청하는 당신의 친구에게 얼마나 더 좋은 것을 행하실까요?"

이 질문은 하나님의 친구 되심에 관해 생각해본다 하더라도 확신 있는 기도와 관련해서 별다른 새로운 교훈을 가르쳐주지 않는 것처럼 보일지도 모른다. 아버지가 친구보다는 훨씬 가까운 존재이기 때문이다. 그러나 우리가 하나님의 친구 되심을 곰곰이 생각해 본다면 이처럼 하나님의 우정에 호소하는 간청이야말로 우리에게 새롭고 경이로운 기도의 세계를 열어줄 것이다.

자녀가 자기 아버지께 구한 것을 얻는다는 사실은 더할 나위 없이 자연스러워서 그 요구를 들어주는 것이 아버지의 당연한 의무인 것처럼 여기게 된다. 그러나 친구에게는 그와 같은 친절함이 좀 더 자유롭고 의존적인 것처럼 보이고, 본성에 기초한 것이라기보다는 인정과 인격에 이끌리기 마련이다. 그러나 부모와 자녀의 관계는 훨씬 더 절대적인 의존 관계이다.

그러므로 기도의 영적인 신비를 밝히 드러내기를 간절히 원하시는 주님은 이와 같은 관계 속에서 하나님께 가까이 나아가도록 우리에게도 기쁘게 허락하실 것이다. 즉 하나님이 자기 친구라고 인정한 사람들, 그 마음과 삶이 하나님 자신의 마음에 맞닿아 있는 사람들에게 말이다.

그러니까 우리는 하나님의 친구로서 살아가야 한다. 내가 방황하고 있을 때조차 나는 여전히 자녀이다. 그러나 친구 관계는 어떻게 행하느냐에 따라 많이 달라진다. "너희는 내가 명하는 대로 행하면 곧 나의 친구라"(요 15:14). "네가 보거니와 믿음이 그의 행함과 함께 일하고 행함으로 믿음이 온전하게 되었느니라. 이에 성경에 이른 바 아브라함이 하나님을 믿으니 이것을 의로 여기셨다는 말씀이 이루어졌고 그는 하나님의 벗이라 칭함을 받았나니 이로 보건대 사람이 행함으로 의롭다 하심을 받고 믿음으로만은 아니니라"(약 2:22-24). "이와 같이 성령도 우리의 연약함을 도우시나니 우리는 마땅히 기도할 바를 알지 못하나 오직 성령이 말할 수 없는 탄식으로 우리를 위하여 친히 간구하시느니라"(롬 8:26). 이처럼 하나님과 우리의 수용관계를 증언할 자들을 인도하시는 분 역시 성령님, "곧 그와 같은 성령"이시다. "그와 마찬가지로" 기도 가운데 우리를 도우시는 분 역시 바로 그 성령님이시다.

우리가 "나에게는 한밤중에도 얼마든지 찾아갈 수 있는 친구가 있다"고 자유롭게 말할 수 있는 것은 바로 하나님의 친구로 살아가기 때문이다. 그와 같은 친구 관계의 영 안으로 들어간다면 내가 하나님께 바라는 친절함을 훨씬 명확하게 드러낼 수 있으며, 하나님이 나를 도와주시길 원하는 것처럼 나도 주변의 친구를 도와주기 위하여 더 간절히 애쓸 수 있지 않겠는가? 내가 기도하는 가운데 하나님께로 나아갈 때 그분은 항상 내 간구가 어디에 목표를 두고 있는지 주목하실 것이다.

만약 하나님의 은혜를 구하는 것이 자신의 안락이나 기쁨을 위한 것이라면 나의 기도는 받아들여지지 않을 것이다. 그러나 나의 기도를 통해 다른 사람들에게 축복을 나눠줌으로써 하나님이 영광을 받으신다면 헛되이 구하는 게 아닐 것이다. 또한 내가 다른 사람들을 위하여 간구하면서도 하나님이 나를 부요하게 만들 때까지 기다리느라 다른 사람들을 돕는 데 어떤 믿음의 희생이나 행위도 동반하지 않는다면 그 기도는 아무런 응답을 얻지 못할 것이다.

그러나 어려움에 처한 친구를 위해 어떤 일을 한다면, 가난한 중에도 이미 사랑의 행위를 하고 있다면 하나님은 충분히 내 기도를 들어주실 것이다. 우리는 그와 같은 간구가 얼마나 유익한지 감히 알지 못한다. 이 세상의 친구 관계는 하늘의 친구 관계에 대한 필요성을 상기시켜준다. "하나님은 필요한 사람에게 필요한 만큼의 은혜를 베풀어주실 것이다."

그러나 하나님이 항상 즉각적으로 그렇게 하시는 것은 아니다. 우리가 하나님을 영화롭게 하며 마음껏 누릴 수 있는 유일한 길은 바로 믿음이다. 중보기도는 믿음의 훈련학교에서 가르치는 과목의 일부이다. 거기에서 다른 사람들과 나누는 친구 관계, 그리고 하나님과 나누는 친구 관계는 시험을 받는다. 거기에서는 내가 필요에 처한 사람들과 나누는 우정이 너무나 현실적이어서, 그 사람들이 필요한 것을 얻을 때까지 충분히 시간을 들이는지, 심지어 휴식시간조차도 희생하는지, 한밤중에도 끊임없이 찾아가는지의 여부를 쉽게 알아차릴 수 있게 된다. 거기에서는 내가 하나님과 나누는 우정이 너무도 명확하여 다른 데로 눈길을 돌리지 않고, 그분이 주실 때까지 계속해서 기도하면서 그분께 의지하는지의 여부를 쉽게 깨달을 수 있게 된다.

이처럼 끈질긴 기도에는 얼마나 심오한 천상의 신비가 포함되어 있는지! 축복을 약속하셨으며, 그 축복을 베풀기 간절히 원하시며, 그렇게 축복을 베푸시는 것을 확고한 목적으로 삼고 계신 하나님이 그 신비를 꽉 붙잡고 계신다. 이 땅에서 하나님의 친구들이 하늘에 계신 부요한 친구를 알아야 하며 충분히 신뢰해야 한다는 사실은 그분께 굉장히 심오하고 중대한 문제이다. 하나님은 기도 응답을 지체시키면서까지 그리스도의 기도 학교에서 당신의 친구들을 훈련시켜서 그 사람들의 끈기가 실제로 얼마나 효과를 나타내고 있는지, 그리고 그 사람들이 얼마나 강력한 힘을 하늘에서 발휘할 수 있는지 직접 발견하게 하신다. 그 사람들이 단순히 거기에만 집중한다면 말이다.

예수님의 약속을 바라보면서 믿음으로 그 약속을 받아들이지만 약속된 것을 받지 못하는 사람들도 있다. 금보다 더 소중한 믿음이 시험을 당하는 것은 바로 기도 응답을 받지 못하는 가운데 매우 확신하고 있는 약속이 제대로 효과를 발휘하지 못하고 있는 것처럼 보일 때이다. 그 약속을 받아들인 믿음이 살아계신 하나님과 인격적이고 거룩한 교제 안에서 정화되고 강화되고 준비되어 하나님의 영광을 바라보는 것은 이와 같은 시험을 통해서다. 그 시험은 우리 눈에 보이지는 않지만 하나님의 살아있는 진리 안에서 그 약속이 주장하는 바를 성취하는 단계에 이를 때까지 이 약속을 취하여 꽉 붙잡고 있게 만든다.

하나님 아버지를 섬기면서 사랑의 일을 행하려고 열심히 애쓰는 하나님의 자녀들은 용기를 내라. 자녀를 둔 부모, 학생을 가르치는 선생, 성경공부 인도자, 지역을 책임진 목회자, 청중에게 말씀을 전하는 설교자여, 각각 자기 영역에서 배고프고 죽어가는 영혼들의 짐을 순순히 받아들여서 기꺼이 짊어지는 사람들이여, 모두 용기를 가져라.

하나님이 정말로 끈질긴 기도를 요구하신다는 사실은, 그토록 끈기게 간청하라고 요구하시는 데에는 실제적이고 영적인 필요가 분명히 있다는 사실은 우리를 어리둥절하게 만든다. 우리에게 이와 같은 사실을 가르치기 위하여 주님은 이처럼 이상해 보이는 비유를 사용하셨다. 이기적인 세상 친구의 불친절한 태도도 끈질긴 간청을 통하여 얼마든지 극복될 수 있다면, 하물며 넉넉히 베풀어주기를 즐겨하시는 하늘 친구에게는 얼마나 더 잘 통하겠는가? 하늘에 계신 영원한 친구는 우리의 영적인 부족함, 그분이 베풀어주시는 것들을 제대로 다루지 못하는 우리의 무능함으로 말미암아 자제하고 계실 뿐이다.

 기도 응답을 지연시킴으로써 하나님은 우리의 참된 위치를 찾을 수 있도록 가르치실 뿐만 아니라 그분과 더불어 온갖 능력을 제대로 발휘할 수 있도록 우리를 훈련시키신다. 하나님의 친구가 되어 의심하지 않는 믿음과 신뢰에 기초한 교제를 나누는 가운데 하나님과 더불어 살아가도록 우리를 실질적으로 훈련하고 계시는 분께 감사하라. 그리고 결코 끊어지지 않는 삼겹줄을 단단히 붙잡도록 하라. 곧 도움이 필요한 굶주린 친구, 도움을 주려고 찾아다니면서 기도하는 친구, 우리에게 필요한 만큼 충분히 나눠주기를 즐겨하시는 전능하신 하늘 친구가 바로 그 삼겹줄이다.

03
Only Prayer is Ability _ Part 2

기도로 왕 같은 제사장의 직분을 감당하라

이에 제자들에게 이르시되 추수할 것은 많되 일꾼이 적으니 그러므로 추수하는 주인에게 청하여 추수할 일꾼들을 보내주소서 하라 하시니라. 마태복음 9:37-38.

예수님은 제자들에게 기도해야 한다는 사실과 어떻게 기도해야 하는지에 관하여 자주 가르쳐주셨지만, 무엇을 기도해야 하는지에 관해서는 거의 가르쳐주지 않으셨다. 주님은 이것을 필요에 대한 제자들의 이해와 성령님의 인도하심에 맡겨두셨다. 그러나 이 말씀에는 예수님이 제자들에게 기억하라고 의미심장하게 명령하신 한 가지 교훈이 포함되어 있다. 풍성한 수확과 추수할 일꾼이 필요하다는 관점에서, 제자들은 하나님께 추수할 일꾼을 보내달라고 부르짖어야 한다. 한밤중에 찾아온 친구의 비유에서와 마찬가지로 예수님은 우리의 기도가 이기적으로 변해서는 안 된다는 사실을 이해하길 원하신다. 그와 같은 이타적인 기도에는 다른 사람에게 축복이 임할 수 있도록 도와주는 능력이 있다. 그러므로 우리는 추수하는 주인이신 하나님께 기도할 때 추수할 일꾼을 예비하여 보내달라고 기도해야 한다.

예수님이 제자들에게 이를 위하여 기도하라고 요청한다는 것이 이상하지 않은가? 그분도 얼마든지 기도할 수 있지 않았을까? 예수님이 단 한 번만 기도하면 수천 명의 제자들이 다함께 기도하는 것보다 훨씬 더 많은 일을 이루어내지 않았을까? 그런데 추수의 주인이신 하나님이 과연 그와 같은 사실을 제대로 파악하지 못하고 계셨단 말인가? 또한 하나님이 제자들의 기도 없이는 그분께 가장 적절한 때에 추수할 일꾼들을 보낼 수 없었단 말인가? 이와 같은 질문들은 하늘나라에서 가장 심오한 기도의 신비와 능력으로 우리를 인도한다. 이와 같은 질문에 대한 대답은 실제로 기도가 능력이라는 사실을 우리에게 확신시켜준다. 바로 이 진리를 기초로 하나님이 알곡을 모아들이는 추수와 하나님 나라의 도래가 달려 있다.

기도는 어떤 형식이나 과시가 아니다. 예수님은 그 자체로 진리이시며, 예수님이 말씀하시는 모든 것도 가장 심오한 진리이다. 예수님이 제자들에게 추수할 일꾼을 보내달라고 기도하라 요청하신 것은 "무리를 보시고 불쌍히 여기시니 이는 그들이 목자 없는 양과 같이 고생하며 기진함이라"(마 9:36)고 느끼셨을 때였다. 예수님은 제자들의 기도가 실제로 필요했으며, 정말로 도움이 될 거라고 믿었기 때문에 그렇게 추수할 일꾼을 보내달라는 기도를 요청하셨다.

우리 눈에 보이지 않는 세계를 아무리 든든하게 가리는 장막이라도 예수님의 거룩하신 영혼에는 놀라운 정도로 투명하게 보인다. 예수님은 영적 세계의 숨겨진 인과관계를 멀리, 깊이, 심층적으로 간파하고 계신다. 예수님은 하나님의 말씀에 따라서 언제, 어떻게 하나님이 아브라함과 모세, 여호수아와 사무엘과 다니엘 같은 사람들을 부르셨는지, 하나님이 그분의 이름으로 다른 백성들을 다스릴 권세를 그 사람들에게 언제, 어떻게 주셨는지 정확히 지적하셨다.

그와 동시에 예수님은 필요할 때마다 제자들을 도와줄 하늘의 능력을 요청할 수 있는 권세와 권한을 제자들에게 허락해 주셨다. 예수님은 이러한 옛 사람들에 관하여, 그리고 이 세상에서 시간을 보내고 있는 그분 자신에 관하여 하나님의 일이 자신에게 맡겨졌으며, 이제는 그 일이 제자들 손으로 넘어가야 할 때라는 사실도 잘 알고 계셨다. 제자들이 이 일을 맡았을 때 그것이 단지 형식이나 과시의 문제가 아니라 제자들 자신에 관한 문제이며, 제자들이 신실한지 그렇지 못한지에 따라 실제적으로 그 일의 성공 여부가 달려 있다는 사실도 예수님은 잘 알고 계셨다.

한 인간으로서, 육신과 생명의 한계 안에서, 예수님은 자기 주변에서 방황하는 양들 사이에서 그토록 짧은 공생애를 통해서는 많은 일을 이룰 수 없다는 사실을 절감하고 계셨다. 그리하여 예수님은 주변 사람들을 적절히 돌보기 위한 도움을 필요로 하셨다. 결국 예수님은 제자들에게 기도하라고 말씀하셨으며, 제자들이 이 세상에 머물러 계신 주님으로부터 그 일을 양도받았을 때, 제자들의 기도에서 가장 중대한 간구 가운데 하나는 추수의 주인에게 추수할 들판으로 친히 일꾼을 보내달라는 기도였다. 그 일을 제자들에게 맡긴 예수님이 도와줄 일꾼을 보내달라고 하나님께 간청할 수 있는 권세를 제자들에게 허락하여, 그러한 공급하심이 제자들의 기도에 의존하게 만드셨다.

세상이라는 들판에서 추수할 일꾼의 필요성을 절실히 느끼면서 애통해하고 있는 그리스도인이 얼마나 되겠는가? 세상은 추수할 시기가 무르익었다. 하지만 도대체 얼마나 많은 그리스도인들이 일꾼을 보내는 것이 기도의 문제이며, 그렇게 기도하면 실제로 "필요한 대로" 허락해 주신다는 사실을 제대로 믿고 있는가?

　노동력이 부족하다는 사실이 전혀 알려져 있지 않거나 논의조차 진행되지 않는 것은 아니다. 또 그러한 필요를 충족시키기 위한 노력이 전혀 이루어지지 않는 것도 아니다. 그러나 목자 없이 유리방황하는 양들에 대한 책임을 떠맡는 그리스도인은 거의 없다. 기도에 응답하여 추수할 일꾼들을 보내주신다는 믿음과 이러한 기도 없이는 추수를 기다리고 있는 들판이 썩어진 채로 남아 있을 수밖에 없다는 냉엄한 현실을 제대로 바라보지 못하기 때문이다.

　지금도 동일한 상황이다. 교회에 대한 예수님의 일하심에 순복하는 것은 너무나 놀라운 일이며, 예수님은 그분의 일이 이루어질 수 있는 몸으로서 제자들에게 그분 자신을 너무나 의존적으로 만들어 놓았기 때문에, 그리고 하나님은 그분의 백성들에게 하늘과 땅에서 발휘할 수 있는 매우 실질적인 능력을 허락해 주셨기 때문에 추수할 일꾼들의 숫자와 추수할 곡식의 양은 사실상 제자들의 기도에 달려 있다고 해도 과언이 아니다.

　이 얼마나 장엄한 생각이란 말인가! 왜 우리는 주님의 명령에 순종하여 좀 더 간절하게 추수할 일꾼을 보내달라고 부르짖지 못한단 말인가! 여기에는 두 가지 이유가 있다.

하나는 우리가 예수님의 민망히 여기는 마음을 놓치고 있기 때문이다. 그 마음은 이와 같은 기도의 필요성을 지적해준다. 우리 이웃을 자기 몸처럼 사랑하는 것, 자기 동료들 사이에서 전적으로 하나님의 영광을 위해 살아가는 것이 구속받은 자들에 대한 하나님 아버지의 가장 중요하고 첫째 되는 계명임을 우리 성도들이 배우게 될 때 주님이 죽어가는 자들에 대해 맡겨주신 책임을 담담히 받아들이게 될 것이다.

수고할 현장뿐만 아니라 사랑의 돌봄과 관심의 대상을 순순히 받아들임으로써 소망 없이 죽어가는 자들을 향한 연민은 머지않아 그 사람들의 마음을 어루만지게 될 것이다. 또 그와 같은 간절한 부르짖음이 하나님 아버지께 구체적으로 알려질 때까지 하늘로 올라가게 될 것이다.

다음으로 예수님의 명령을 무시하는 또 다른 이유는 믿음이 부족하기 때문이다. 그러나 이것은 민망히 여기는 마음으로 간절히 도움을 요청할 때 극복될 수 있다. 우리는 기도의 능력에 대한 믿음이 적다. 우리는 하나님과 충분히 가깝게 살고 있지 않으며, 하나님이 우리의 기도에 응답해주실 것이라고 확신할 수 있을 정도로 하나님을 섬기고, 하나님의 나라를 위하여 전적으로 자신을 포기하지 않고 있다. 그러기에 우리가 예수님을 닮는 삶을 살면서 예수님의 연민이 우리에게 점점 더 많이 흘러들어올 수 있도록 하기 위해서는 성령님이 우리의 기도가 쓸모 있다는 확신을 부어주실 수 있도록 간절히 의탁해야 한다.

여기서 이러한 기도는 이중적인 축복을 얻게 한다. 먼저 자기 자신을 전적으로 포기한 사람들의 숫자가 증가하기를 바라는 소원이 자리 잡을 것이다. 사람들이 구체적으로 사역자나 선교사, 또는 하나님의 말씀을 가르치는 교사로 주님을 섬기는 모습을 보여주지 못하는 때가 자주 나타나는 것은 그리스도의 몸에서 나타나는 끔찍한 오점이다. 하나님의 자녀들이 자기 삶의 영역이나 교회에서 일꾼을 보내달라는 기도 제목으로 간절히 부르짖을 때 반드시 그렇게 될 것이다.

주 예수님은 이제 추수의 주님이시다. 그분은 각종 선물, 곧 온갖 성령의 은사를 허락하시기까지 높임을 받으셨다. 주님이 허락하시는 중대한 선물은 사람들을 성령으로 충만하게 채우는 것이다. 그러나 이러한 선물을 나눠주고 분배하는 것은 머리되신 주님과 주체적인 역할을 감당하는 우리 사이의 협력에 따라 달라진다. 그러한 협력으로 인도하는 것은 단지 기도뿐이다. 믿음으로 간청하는 자들은 결국 그 일을 해낼 수 있는 일꾼과 수단을 발견하면서 흥분하게 될 것이다.

우리가 요청받는 또 다른 축복은 그다지 적은 것이 아니다. 모든 성도는 추수할 일꾼이다. 하나님의 자녀들 가운데 어떤 사람도 가만히 앉아서 섬김을 받기만 하라고 구원받은 것은 아니며, 가만히 앉아서 자기 할 일을 기다리고 있어서도 안 된다. 주님이 그분의 모든 백성에게 헌신의 영을 가득 채워주셔서 어느 누구도 포도원에서 게으름을 피우면서 그냥 서 있지 않도록 해 달라는 것이 우리의 기도가 되어야 한다. 도와주는 사람이 없다거나 하나님의 일에 적절한 조력자가 부족하다고 불평하는 곳에서는 어디든지 기도하면 일꾼을 보내주시겠다는 약속을 든든히 붙잡아야 한다.

하나님이 준비를 못해서 일꾼을 보내주실 수 없는 척박한 오지나 국가는 존재할 수 없다. 또한 일꾼을 세울 수 없는 주일학교나 지역 교회, 봉사할 수 없는 사역이나 구호활동이란 있을 수 없다. 기도에는 시간과 끈기가 필요할 수도 있지만 추수의 주인께 간구하라는 예수님의 명령은 기도를 들어주신다는 확실한 보증이다. "내가 너희에게 말하노니 그 간청함을 인하여 일어나 그 요구대로 주리라."

이 얼마나 엄숙하고 복된 생각인가! 세상의 필요를 채워주면서 하나님의 일꾼을 확보하는 이런 권세는 기도 중에 우리에게 허락되는 것이다. 추수의 주인이신 하나님이 듣고 계신다. 이렇게 기도하라고 너무나 구체적으로 가르쳐주시는 예수님은 그분의 이름과 명분에 따라 드려지는 기도를 지지하신다. 시간을 따로 정해 두고서 중보기도하는 일에 우리 자신을 전부 드릴 수 있도록 하자. 그러면 기도를 당부하시는 예수님의 연민어린 마음과 교제할 수 있을 것이다. 그렇게 할 때 우리는 왕 같은 제사장의 직분을 담당하는 왕족임을 깨닫게 될 것이다.

하나님의 자녀가 품은 뜻은 하나님 나라의 확장에 굉장히 중요하다. 우리는 자신을 이 세상에서 일하는 하나님의 동역자로 느끼게 될 것이며, 하나님의 일 가운데 일정한 몫을 감당해야 한다고 느끼게 될 것이다. 우리는 각 영혼의 고통에 동참하게 될 것이며, 기도 응답을 통해서 영혼의 만족도 얻게 될 것이다. 왜냐하면 기도하지 않았다면 받지 못했을 축복을 기도 응답으로 받는 법을 배우기 때문이다.

04
Only Prayer is Ability _ Part 2

원하는 것을 구체적으로 명확히 아뢰라

예수께서 말씀하여 이르시되 네게 무엇을 하여 주기를 원하느냐. 맹인이 이르되 선생님이여 보기를 원하나이다. 마가복음 10:51.

맹인은 아주 큰 소리로 이렇게 외쳤다. "다윗의 자손 예수여, 나를 불쌍히 여기소서!" 그렇게 외치는 소리가 우리 주님의 귀에까지 들렸고, 주님은 맹인이 무엇을 원하는지 잘 알고 계셨으며, 맹인이 원하는 것을 허락하실 채비를 다 끝내셨다.

그러나 예수님은 실제로 그렇게 하기 전에 먼저 맹인에게 "네게 무엇을 하여 주기를 원하느냐?"고 물으셨다. 예수님은 긍휼을 베풀어달라는 일반적인 요청뿐만 아니라 자신이 원하는 것이 무엇인지에 관한 분명한 표현을 직접 듣고 싶어 하셨다. 원하는 바를 입으로 말할 때까지 맹인은 치유받지 못했다.

예수님은 오늘도 이와 똑같은 질문을 던지시는데, 그에 대한 대답을 말할 때까지는 주님께 요청한 도움을 얻지 못하는 탄원자들이 여전히 많다. 우리의 기도는 그분의 긍휼을 구하는 애매모호한 호소나 축복을 달라는 불명확한 부르짖음이어서는 안 된다. 구체적인 필요를 명확하게 표현해야 한다. 예수님의 긍휼하신 마음이 우리의 부르짖음을 이해하지 못하거나 들을 채비가 되어 있지 않은 것이 아니다. 주님은 우리 자신을 위하여 그렇게 하기를 원하신다.

이처럼 구체적이고 명확한 기도는 우리 자신의 필요를 훨씬 더 잘 알 수 있도록 가르쳐준다. 우리의 가장 커다란 필요가 정말로 무엇인지를 제대로 발견하기 위하여 시간, 생각, 그리고 자기 성찰이 필요하다. 우리 자신을 잘 살펴서 우리의 바람이 정직하고 진실한 것인지를 점검하라는 것이다. 그리하여 우리의 바람이 하나님의 말씀에 따른 것인지, 우리가 간구한 것을 받을 수 있을 것이라고 정말로 믿는지 제대로 판단해야 한다. 그것은 구체적인 응답을 기다리면서 응답이 오는 때를 정확히 알아차리도록 도와줄 것이다.

그런데 우리의 기도는 얼마나 애매모호하고 무의미하단 말인가! 어떤 사람들은 긍휼을 달라고 부르짖기는 하지만, 자기들을 위하여 어떤 긍휼이 베풀어져야 하는지 구체적으로 알아보기 위해 수고하지 않는다. 다른 사람들은 아마도 죄악에서 구해달라고 간구하기는 하지만, 그와 같은 해방이 정확히 요청될 수 있도록 구체적으로 죄악의 내용을 드러내지 않는다. 다른 사람들은 자기 주변의 사람들에게 하나님의 축복을 내려달라고, 자기들이 살아가고 있는 세상에 하나님의 성령을 부어달라고 간구하기는 하지만, 기도 응답이 이루어지는지 알아보기 위하여 기다리면서 기대할 수 있는 어떤 특정한 기도 제목을 가지고 있지 못하다. 이 모든 사람에 대하여 우리 주님은 "내가 네게 무엇을 하여 주기를 원하느냐?"고 말씀하신다.

모든 그리스도인은 단지 제한된 능력만 가지고 있을 뿐이다. 각 사람마다 일하면서 수고해야 할 특정한 영역이 있는 것과 마찬가지로, 각자의 기도에 있어서도 마찬가지다. 각 성도들에게는 저마다 자기 삶의 터전, 가정, 친구, 그리고 이웃이 있다. 만약 그 사람이 그 가운데 하나 이상을 구체적으로 이름을 들어서 기도한다면 정말로 이를 통하여 믿음의 훈련학교로 들어가게 되는지의 여부를 발견하게 될 것이다. 이것은 하나님을 인격적으로 정확하게 만나는 곳으로 이끌어줄 것이다. 두루뭉술한 기도가 효과적인 믿음의 기도로 변하는 것은 믿음을 가지고 구체적으로 요청하여 정확히 응답받을 때이다.

아주 잘 훈련된 영국 군대가 남아프리카공화국 나탈 주 북부에 위치한 드라켄즈버그 산맥 안의 마주바 고원지대에서 트란스발 보어인들에게 충격적인 패배를 당했다(이 전쟁은 1899-1902년에 영국과 남아프리카 트란스발공화국 간에 벌어진 보어 전쟁을 배경으로 하는 이야기다-역주).

그런데 보어인들은 이와 같은 승리를 거두기 위하여 무엇에 의존했을까? 영국군 병사들은 집단적으로 대오를 형성하여 적에게 한꺼번에 집중 사격을 퍼부은 반면, 총을 쏠 때마다 한 발씩 정확하게 목표를 조준할 생각은 전혀 하지 못했다.

그러나 보어인들은 사냥을 통해 전혀 다른 교훈을 얻었다. 보어인의 훈련된 눈은 특별한 임무가 생길 때마다 한 발씩 정확하게 총알을 쏘는 법을 알고 있었으며, 그런 능력을 갖춘 병사를 찾아내는 법도 잘 알고 있었다. 그렇게 정확히 목표물을 조준하는 것은 영적인 세계에서도 마찬가지다.

우리가 무엇을 간구할 때마다 어떤 응답을 얻으려고 하는지, 우리의 목적과 기대에 관하여 정확히 알아볼 겨를도 없이 온갖 간구를 쏟아냄으로써 우리의 마음을 마구 토로하게 된다. 이렇게 기도하는 상당히 많은 사람들은 제대로 목표 지점에 도달하지 못할 것이다. 그러나 우리가 영혼의 침묵을 통해 조용히 주님 앞에 머리를 조아린다면 이 질문들에 대답할 채비를 충분히 갖추게 될 것이다.

이를테면 지금 내가 정말로 바라는 것은 무엇인가? 내가 받으리라고 기대하고 있는 것을 믿음으로 바라고 있는가? 지금 나는 하나님 아버지의 품에 자신을 맡길 준비가 되어 있는가? 내가 응답을 받아야 한다는 사실이 하나님과 나 사이에서 의견 일치를 보았는가? 그러므로 우리는 하나님이 바라보시는 방식대로, 그리고 우리가 정말로 기대하는 것을 알 수 있는 방식으로 기도하는 법을 배워야 한다.

예수님이 우리에게 이방인처럼 쓸데없이 중언부언하지 말라고 경고하신 것도 바로 이런 이유 때문이다. 이방인들은 기도를 많이 한다는 소리를 듣고 싶어 했다(마 6:7-8). 우리는 자주 간절하고 열정적인 기도 소리를 듣는다. 이때 사람들은 상당히 많은 간구를 그냥 한꺼번에 털어놓지만, 그에 대하여 예수님은 분명히 "내가 네게 무엇을 하여 주기를 원하느냐?"고 대답하실 것이다.

내가 아버지의 사업을 위해 외국에 나가 있다면 나는 분명히 성격이 다른 두 통의 편지를 써서 집으로 보낼 것이다. 한 통은 서로를 향한 애정이 가득 담긴 전형적인 가족 편지일 것이며, 다른 한 통은 사업상 나에게 필요한 것을 요구하는 사무적인 편지일 것이다. 또한 두 가지 성격을 모두 포함하는 편지를 보낼 수도 있을 것이다. 어떤 응답을 받느냐는 문제는 내가 쓴 편지의 종류에 따라 달라질 것이다. 가족의 안부를 묻는 편지를 보낸 뒤에 각 문장마다 일일이 답장해 주기를 기대하지는 않을 것이다. 그러나 사업상의 필요를 요청한 편지에 대해서는 내가 원하는 것들이 제대로 발송되었는지 알려주는 답장을 조만간 받으리라고 확신하게 될 것이다.

우리가 하나님을 만나는 과정에서도 이런 사무적인 요소가 빠져서는 안 된다. 우리의 필요와 죄에 관한 정확한 표현, 사랑과 믿음과 성별에 관한 자세한 표현과 더불어 우리가 요청하여 받기를 기대하는 것들에 관한 구체적인 진술이 반드시 포함되어야 한다. 하나님 아버지는 기도 응답을 통해서 그런 요청을 수락하셨다는 증거를 우리에게 보여주기를 기뻐하신다.

그러나 예수님의 말씀은 우리에게 더 많은 것을 가르쳐주신다. 예수님은 "네가 막연하게 무엇을 바라느냐?"고 말씀하시는 대신 "네가 구체적으로 무엇을 원하느냐?"고 물으신다. 우리는 흔히 진심으로 원하지 않는 일을 바라기도 한다. 내가 어떤 특정한 물건을 바라기는 하지만 가격이 너무 높다는 사실을 발견하고는 갖지 않겠다고 결정한다. 막연하게 그것을 갖고 싶어 하기는 했지만 실제로 그것을 꼭 가져야겠다는 뜻은 아니었다. 아무리 게으른 사람이라도 부자가 되고 싶어 하기는 하지만 실제로 그렇게 되겠다는 뜻은 아니다.

의지는 마음과 삶을 지배한다. 만약 내가 자신의 능력 범위 안에 있는 어떤 것을 정말로 소유하겠다는 의지를 갖고 있다면 그것을 실제로 소유할 때까지는 마음이 편치 않을 것이다. 예수님이 우리에게 "네가 구체적으로 무엇을 원하느냐?"고 물으실 때 예수님은 어떤 대가를 치르고서라도, 아무리 희생이 클지라도 우리가 요청하는 것을 정말로 소유하고 싶어 하는지를 묻고 계신 것이다. 정말로 그것을 갖고 싶다는 충분한 의지를 가지고 있어서, 예수님이 들어주실 때까지 결코 마음에 평화가 찾아오지 않는 간절함을 말이다.

슬프게도 수많은 기도는 순간적으로 무작정 올려보내는 막연한 희망에 지나지 않아서 그 이후로는 쉽게 잊히거나, 그와는 반대로 마치 무슨 의무나 되는 것처럼 여러 해에 걸쳐 계속 되풀이하여 반복적으로 올려보내는 희망 섞인 바람에 지나지 않는다. 그러면서도 우리는 응답 없는 기도에 만족한 채로 그냥 살아간다.

그러나 어떤 사람은 이렇게 물을지도 모른다. 우리가 원하는 것을 꼬치꼬치 하나님께 알려드리지 않고, 우리의 뜻대로 단정하려고 애쓰지 않으면서 가장 좋은 것이 무엇인지를 결정하는 일은 하나님께 맡기는 것이 더 낫지 않은가? 하지만 결코 그렇지 않다! 예수님이 가르쳐주신 기도의 본질은 일단 한 번 소원을 말씀드리고는 나머지 결정을 하나님께 그냥 맡겨두는 것이 아니다. 믿음의 기도는 하나님의 뜻을 제대로 알 수 없을 경우에 드리는 순복의 기도와는 다르다. 믿음의 기도는 하나님의 말씀에 등장하는 여러 가지 약속에서 하나님의 뜻을 발견하고 드리는 기도이며, 그 약속이 성취될 때까지 끈질기게 간청하는 기도이다.

예수님은 마태복음 9장 28절에서 "너는 내가 이 일을 할 수 있다고 믿느냐?"고 맹인에게 물으셨다. 마가복음에서는 "내가 너에게 무엇을 하여 주기를 바라느냐?"고 말씀하셨다. 두 경우 모두 예수님은 믿음이 그 사람들을 구원했다고 말씀하셨다. 그리고 수로보니게 여인에게도 역시 "여자여, 네 믿음이 크도다. 네 소원대로 되리라"(마 15:28)고 말씀하셨다. 믿음은 하나님의 말씀에 의존하여 "난 반드시 응답을 받아야 해"라고 말하는 의지의 결단에 지나지 않을 뿐이다. 진실로 믿는다는 것은 확고한 의지를 갖는다는 뜻이다.

그러나 이러한 의지가 하나님께 의지하고 순복하는 것과 전혀 다른 방향으로 나아가려고 하지는 않는가? 전혀 그렇지 않다! 오히려 우리는 의지적인 참된 순복을 통해 하나님을 영화롭게 할 수 있다. 하나님의 자녀가 자기 의지를 하나님 아버지께 전적으로 순복하여 내드릴 때 자신이 원하는 것을 언제든지 그분으로부터 받는 진정한 자유와 능력을 누리게 된다.

그러나 성도가 하나님의 말씀과 성령님을 통하여 계시된 하나님의 뜻을 자신의 뜻으로 받아들일 때 하나님은 이 자녀가 이처럼 새로워진 뜻을 활용하기를 원하신다. 의지는 각 영혼의 가장 지고한 능력이다. 은혜는 의지를 충분히 자유롭게 발휘하는 데까지 이르도록 하는 하나님의 형상 중에서 가장 중요한 특성 가운데 하나이다. 그러기에 하나님은 다른 무엇보다 의지를 성화시키고 회복시키기를 원하신다. 오직 아버지의 관심사를 이루기 위해 살아가는 아들, 자기 뜻이 아니라 아버지의 뜻을 추구하는 아들이 무슨 일을 하든지 아버지의 신뢰를 받는 것과 마찬가지로 우리 또한 그렇게 되기를 원하신다.

겉으로 보기에는 겸손을 가장하여 자기 자신은 아무런 의지도 갖고 있지 않다고 고백하는 것은 영적인 나태함에 지나지 않는다. 왜냐하면 이러한 나태함은 하나님의 뜻을 찾아다니는 수고를 두려워하기 때문이다. 하나님의 뜻을 발견하더라도 믿음으로 그 뜻을 쟁취해야 하는 싸움을 두려워하기 때문이다. 그러나 참된 겸손은 항상 강한 믿음을 수반한다. 그 믿음은 오직 무엇이 하나님의 뜻에 따르는 것인지를 알아내려고 열심히 노력하여 그 약속이 성취되도록 담대하게 요구하기 때문이다. "너희가 내 안에 거하고 내 말이 너희 안에 거하면 무엇이든지 원하는 대로 구하라. 그리하면 이루리라"(요 15:7).

05
Only Prayer is Ability _ Part 2

이미 받은 줄로 알고 믿음으로 취하라

그러므로 내가 너희에게 말하노니 무엇이든지 기도하고 구하는 것은 받은 줄로 믿으라. 그리하면 너희에게 그대로 되리라. 마가복음 11:24.

이 얼마나 놀라운 약속인가! 이 약속은 너무나 크고 신성하여 우리의 작은 마음으로는 도저히 이해할 수 없을 정도이다. 그리하여 이 약속을 그대로 인정하기보다는 온갖 방법을 다 동원해서 우리의 생각에 그럴싸해 보이는 것으로 제한하려 애쓴다. 이를테면 예수님이 약속을 주시는 순간부터 이 약속이 생동하는 힘과 능력을 우리에게 불어넣도록 가만히 내버려두지 않는다.

하지만 그대로 믿으면 우리의 마음이 넓어져서 하나님이 사랑과 권능으로 우리에게 베풀고자 준비하고 계시는 모든 것을 얼마든지 받을 수 있다.

믿음이란 단순히 하나님의 말씀에 담긴 진리를 확신하는 것과는 거리가 멀다. 또 믿음이란 여러 가지 약속으로부터 도출해 낸 어떤 결론과도 거리가 멀다. 믿음이란 하나님이 행하시겠다고 말씀하는 것을 계속해서 들을 수 있는 귀이며, 하나님이 그 일을 행하시는 것을 계속해서 지켜보는 눈이다. 그러므로 참된 믿음이 자리 잡고 있는 곳에서 응답이 오지 않는 것은 불가능하다. 우리가 기도할 때 하나님이 우리에게 요구하시는 것은 단 한 가지이다. 곧 "무엇이든지 기도하고 구하는 것은 받은 줄로 믿으라." 그러면 하나님도 역시 "너희에게 그대로 되리라"고 약속하신 것을 그대로 지키실 것이다.

"이스라엘 하나님 여호와를 송축할지로다. 여호와께서 그의 입으로 내 아버지 다윗에게 말씀하신 것을 이제 그의 손으로 이루셨도다"(대하 6:4)라고 선포한 솔로몬의 기도에 나타나는 기본 원칙은 모든 참된 기도에 그대로 적용되는 기본 원칙이다. 이것은 자기 입으로 말씀하신 것이 반드시 성취되도록 항상 자기 손으로 확실하게 조치하시는 하나님을 경배하는 유쾌한 고백이다. 이러한 영 안에서 예수님이 허락하신 약속을 경청하도록 하라. 이 약속 한마디 한마디에는 그 자체로 신성한 메시지가 들어 있다.

"무엇이든지."

이 첫마디에서부터 우리 인간의 머리는 의구심을 품기 시작하면서 "이게 정말로 문자 그대로 사실일 수가 있을까?" 하고 묻는다. 그러나 실제로 그렇지 않다면 왜 주님이 "무엇이든지"라는 가장 강렬한 표현을 동원해서 그렇게 말씀하셨단 말인가? 더욱이 우리 주 예수님은 다음과 같은 구절에서도 그런 식으로 말씀하셨다. "할 수 있거든이 무슨 말이냐. 믿는 자에게는 능히 하지 못할 일이 없느니라"(막 9:23)는 말씀과 "너희 믿음이 작은 까닭이니라. 진실로 너희에게 이르노니 만일 너희에게 믿음이 겨자씨 한 알 만큼만 있어도 이 산을 명하여 여기서 저기로 옮겨지라 하면 옮겨질 것이요 또 너희가 못할 것이 없으리라"(마 17:20)고 말씀하신 장본인이 바로 주님이 아니던가!

믿음이란 믿는 제자들의 준비된 마음속에서 하나님의 말씀을 통하여 전적으로 일하시는 성령님의 역사이기 때문에 성취되지 않는 경우란 있을 수 없다. 믿음은 앞으로 다가올 응답의 보증이자 전조이다.

그렇다. "너희가 기도할 때에 무엇이든지 믿고 구하는 것은 다 받으리라"(마 21:22). 인간의 이성은 위험해 보이는 말씀의 영향력을 차단하기 위하여 "만약 적절하다면"이나 "만약 그게 하나님의 뜻이라면"이라는 어떤 한정하는 구절들을 여기에다 끼워 넣는 경향을 보인다. 우리는 예수님의 말씀을 이런 식으로 다루는 것에 주의를 기울여야 한다. 예수님의 약속은 그냥 문자 그대로 진실하다.

예수님은 친히 자주 되풀이하신 "무엇이든지"라는 말씀을 우리 마음속에 집어넣기 원하신다. 그 믿음의 힘이 얼마나 강력한지 알려주기 원하신다. 교회의 머리되신 예수님이 그분의 능력을 자신과 함께 나눠가지도록 지체들을 얼마나 진실하게 부르고 계시는지 보여주기 원하신다. 우리 하나님 아버지께서 전적으로 그분을 신뢰하는 자녀들에게 마음대로 활용할 수 있도록 그분의 능력을 얼마나 전적으로 내어주시는지 우리에게 계시하기 원하신다. 이처럼 예수님이 약속하신 "무엇이든지"라는 고백을 통하여 우리의 믿음은 그 자양분과 힘을 얻게 된다. 우리가 쉽사리 그렇게 "무엇이든지"라고 고백하지 못할 때 우리의 믿음은 약해지게 된다.

"무엇이든지"라는 말씀은 무조건적이라는 뜻이다. 유일한 조건은 믿음이라는 행위에 내포되어 있다. 무엇을 믿기 전에 우리는 먼저 하나님의 뜻이 무엇인지 발견하고 알아내야 한다. 믿음은 하나님의 말씀과 성령님의 영향력에 자신을 내드리고 포기하는 영혼의 훈련이다. 그러나 일단 믿으면 무엇이든 가능하다. 하나님은 예수님의 "무엇이든지"라는 말씀을 우리가 가능하다고 여기는 수준으로 제한하려고 애써서는 안 된다고 금지하신다. 오히려 예수님이 "무엇이든지"라고 말씀하신 것을 우리 믿음의 분량과 소망에 따라 받아들이도록 해야 한다. 만약 예수님이 말씀하신 대로 취하여 우리의 마음에 새겨둔다면 그 말씀은 싹이 트고 뿌리가 내려서 충만한 분량까지 우리의 삶을 채워주고 풍성한 열매를 맺도록 하는 씨앗이 될 것이다.

이처럼 "무엇이든지" 주님께 가져와 올려드리게 되는 것은, 하나님께 요구하여 받게 되는 것은 바로 기도를 통해서다. 응답받는 믿음은 기도의 열매이다. 어떤 측면에서는 기도하기 전에 먼저 믿음이 있어야겠지만, 다른 측면에서 믿음은 기도의 결과이자 성장이다. 구세주의 인격적인 임재, 그리고 그분과 나누는 소통을 통하여 처음에는 너무 높아 보이던 것을 붙잡을 수 있는 수준까지 믿음이 올라간다.

하나님의 거룩하신 뜻이라는 조명 아래 우리의 소원을 붙잡을 수 있는 것도, 우리의 동기를 시험받는 것도, 그리고 정말로 예수님의 이름과 오직 하나님의 영광을 위해서만 간구하는지

여부를 증거하는 것도 역시 기도를 통해서다. 옳은 것을 위하여 올바른 영으로 간구하고 있는지 여부를 보여주시는 성령님의 인도하심을 기다리는 것 역시 기도를 통해서다. 믿음이 부족하다는 사실을 깨닫게 되는 것도, 우리가 믿는다고 하나님께 말씀드리도록 인도함을 받는 것도, 그리고 끝까지 인내할 수 있다는 확신을 통하여 우리 믿음의 실체를 증명하는 것 역시 기도를 통해서다. 예수님이 믿음을 가르쳐주시면서 우리에게 믿음을 불어넣는 것 역시 기도를 통해서다.

가만히 앉아서 기도할 수 있는 때를 마냥 기다리는 사람이나, 아직 응답이 필요 없다고 느낀다는 이유로 기도를 미루거나 기도할 마음을 빼앗기는 사람은 결코 이런 믿음을 배우지 못할 것이다. 일단 기도하고 구하기 시작하는 사람은 누구나 하나님의 보좌 끝자락에 앉아 있는 것보다 더 명확하게 믿음의 영을 받을 수 있는 곳이 없다는 사실을 깨닫게 될 것이다.

"받은 줄로 믿으라."
—

우리는 구한 것을 받은 줄로 믿어야 한다. 우리 구세주의 말씀은 하나님 아버지께서 가장 좋은 것이 무엇인지 너무나 잘 알고 계시기 때문에, 하나님이 우리에게 다른 것을 주실 수도 있다는 뜻이 아니다. 오직 믿음으로 옮겨지라고 선포한 산, 바로 그 산은 바닷속으로 던져지게 될 것이다.

우리의 구할 것을 감사함으로 하나님께 아뢰어야 하는 기도가 있는데, 그 보상은 우리의 마음과 생각을 지켜주시는 하나님의 평강이다(빌 4:6-7). 이것이 바로 신뢰의 기도이다. 이런 기도를 통하여 하나님이 우리에게 허락하시려고 하는지 아닌지를 분명히 알 수 없는 것에 대해 참고할 수 있다. 하나님의 자녀는 일상생활에서 일어나는 수많은 일들에 관한 소원을 소상히 아뢰어야 한다. 이 기도는 하나님 아버지께서 가장 좋다고 생각하시는 것을 주실지 말지를 일단 그분께 맡겨드리는 것이다.

그러나 예수님이 말씀하시는 믿음의 기도는 좀 더 심오하고 전혀 다른 기도이다. 우리 주님의 일하심에 대해 커다란 관심을 보이는 것이든, 아니면 우리 일상생활에 대한 좀 더 사소한 염려에서 출발한 것이든 간에 우리의 영혼이 올려드리는 믿음의 기도만큼 하나님 아버지를 영화롭게 하는 것은 없다. 그 믿음은 하나님이 무엇이든 구하는 대로 주시겠다고 말씀하신 그대로 행하실 것이라고 확신하게 만든다. 또한 그 믿음은 성령님이 전해주신 약속을 확고하게 믿는다.

우리의 영혼이 이처럼 믿음에 관한 사실들을 제대로 깨닫게 될 때 무엇이든 구하는 대로 정확히 받게 된다는 사실을 더욱 확실히 알게 될 것이다. 마가복음 11장 23절에서는 얼마나 명확하게 이 사실을 진술하고 있는지 한 번 주목해보라. "누구든지 이 산더러 들리어 바다에 던져지라 하며 그 말하는 것이 이루어질 줄 믿고 마음에 의심하지 아니하면 그대로 되리라." 이것이 바로 예수님이 말씀하시는 믿음의 기도를 통하여 받는 축복이다.

"받은 줄로 믿으라." 이 핵심적인 말씀은 너무나 자주 오해를 받는다. 받은 줄로 믿어라! 지금 당신이 기도하는 동안 구한 것을 이미 받은 줄로 믿으라는 것이다. 개인적인 경험으로 정말로 그것을 소유하게 되는 것은, 믿은 것을 실제로 보게 되는 것은 아마 나중에 일어날 수도 있다. 그러나 지금, 아무것도 보지 않고서도 하늘에 계신 하나님 아버지께서 우리가 구한 것을 이미 허락해 주셨다고 믿어야 한다. 기도의 응답을 받거나 받아들이는 것은 예수님을 받아들이거나 예수님께 용서를 받는 것과 매우 흡사하다. 이것은 감정과는 전혀 다른 영적인 일이며 믿음의 행위이다. 보좌 앞에 탄원자로 와서 우리의 죄를 용서해 달라고 간구할 때 나는 예수님이 하늘에 계신 목적이 죄 사함에 있다고 믿기 때문에, 그래서 그분으로부터 죄 사함을 받았다고 믿음으로 취하게 된다.

내가 하나님의 말씀에 따른 특정한 은사를 구하는 탄원자로 나아올 때도 내가 구한 것을 받을 수 있다고 믿어야 한다. 나는 믿음으로 은사를 받을 수 있다고 믿으면서, 그것이 이미 내 것임을 믿고 하나님께 감사한다. "우리가 무엇이든지 구하는 바를 들으시는 줄을 안즉 우리가 그에게 구한 그것을 얻은 줄을 또한 아느니라"(요일 5:15).

"그리하면 너희에게 그대로 되리라."

다시 말해 하늘에서 허락하신 것을 일단 믿음으로 붙잡는다면 그 선물은 개인적인 경험을 통해 우리의 것이 된다. 그러나 일단 우리가 구한 것을 하나님이 계속해서 듣고 계시며, 결국에는 받는다는 사실을 알고 있는데도 굳이 더 오랫동안 기도해야 할 필요성이 있을까? 이미 축복이 진행되고 있는 경우라면 그런 기도가 더 이상 필요하지 않을 수도 있을 것이다. 아직 실제로 축복을 경험하지 못하고 있는 경우라도 축복받을 수 있으리라고 단단히 확신하면서 지금까지 우리가 받아온 것에 대해 하나님을 찬양함으로써 우리의 믿음을 증명해 보여야 한다.

그 믿음이 끈질기게 간청하는 기도를 통하여 더 많은 시험을 거치는 과정에서 더욱 강해져야 할 필요도 더러 있을 것이다. 그 믿음에 축복을 내릴 정도로 모든 것이 충분히 무르익었는지 아닌지는 오직 하나님만이 알고 계신다. 엘리야는 비가 내릴 것이라고 확실하게 알고 있었다. 왜냐하면 하나님이 그렇게 약속해 주셨기 때문이다. 그럼에도 불구하고 엘리야는 일곱 차례나 기도해야 했다. 그리고 이 기도는 결코 과시나 연극이 아니었다. 이 기도는 거기에 엎드려 간구하고 있었던 엘리야의 마음속에서나, 그리고 이 기도가 효력을 발휘할 수 있도록 일해야 하는 하늘에서나 공히 강렬한 영적인 현실이었다.

그로 말미암아 우리는 "믿음과 오래 참음으로 말미암아 약속들을 기업으로 받는 자들을 본받는 자"(히 6:12)가 된다. 믿음의 기도는 아주 확신 있게 "나는 이미 그것을 받았어"라고 말한다. 하늘에서 내리는 선물을 이 땅에서 볼 수 있을 때까지 인내의 기도는 그 과정에서 오랫동안 참게 된다. "받은 줄로 믿으라. 그리하면 너희에게 그대로 되리라." "너희가 하늘에서 받는다"는 말과 "이 땅에서 받게 되리라"는 말 사이에는 "믿는다"는 핵심 단어가 포함되어 있다. 찬양과 기도는 믿음으로 서로 밀접하게 연결되어 있다.

그런데 이제 한 가지 사실을 더 기억하기 바란다. 이렇게 말씀하시는 분이 다름 아닌 예수님이심을 기억하라. 하늘이 열리면서 보좌에 앉으신 하나님 아버지께서 무엇이든지 믿음으로 구한 것을 모두 우리에게 주신다고 생각할 때 우리는 부끄러운 마음을 느끼게 된다. 왜냐하면 우리에게 허락된 특권을 제대로 이용하지 못했기 때문이다. 또한 우리는 두려움으로 가득한 마음을 느끼게 된다. 왜냐하면 연약한 믿음 탓에 분명히 우리 능력의 범위 안에 있는 것들조차 제대로 붙잡지 못하고 있기 때문이다.

그러나 우리로 하여금 강한 소망으로 충만하게 하는 분명한 사실이 있다. 하나님으로부터 우리에게 이 메시지를 전해주신 분은 바로 예수님이시다. 이 세상에 계셨을 때 예수님이 몸소 믿음과 기도의 삶을 사셨다. 제자들이 예수님이 무화과나무를 향하여 행하신 일들을 보고 놀라움을 표시한 것도 바로 그때였다. 예수님은 제자들도 그와 같은 삶을 살 수 있다고 말씀하셨다. 다시 말해 제자들도 예수님처럼 무화과나무에 명령할 수 있을 뿐만 아니라 산을 향해서도 명령을 내릴 수 있고, 그러면 나무와 산이 그대로 따를 것이라고 말씀하셨다.

예수님은 우리의 생명이시다. 이 세상에 계셨던 모습 그대로 이제 우리 안에 계신다. 예수님은 우리에게 가르치신 모든 것을 실제로 주신다. 예수님은 우리 믿음의 창시자요 완성자이시다. 예수님은 우리에게 믿음의 영을 허락하신다. 이 믿음이 우리에게 없다고 생각하면서 두려워하지 마라. 이 믿음은 하나님 아버지의 모든 자녀에게 있으며, 하나님 아버지의 뜻과 사랑에 어린 아이처럼 자기 자신을 양보할 뿐만 아니라 하나님 아버지의 말씀과 능력을 신뢰하는 모든 사람에게 분명히 있다.

친애하는 동료 그리스도인들이여! 용기를 가져라. 이 말씀은 하나님의 아들이시며, 우리의 주님이신 예수 그리스도에게서 나온 말씀이다. 그러니 "예, 복되신 주님, 우리는 당신의 말씀을 믿습니다. 무엇이든지 구한 대로 받는다고 굳게 믿습니다"라고 담대히 대답하라.

The Prayer Best Collection 1

P·A·R·T·3

하나님의 뜻과 조화를 이루는 기도

01

Only Prayer is Ability _ Part 3

먼저 기도로 불신앙을 치유하라

예수께서 대답하여 이르시되 믿음이 없고 패역한 세대여 내가 얼마나 너희와 함께 있으며 얼마나 너희에게 참으리요. 그를 이리로 데려오라 하시니라. 이에 예수께서 꾸짖으시니 귀신이 나가고 아이가 그때부터 나으니라. 이때에 제자들이 조용히 예수께 나아와 이르되 우리는 어찌하여 쫓아내지 못하였나이까. 이르시되 너희 믿음이 작은 까닭이니라. 진실로 너희에게 이르노니 만일 너희에게 믿음이 겨자씨 한 알 만큼만 있어도 이 산을 명하여 여기서 저기로 옮겨지라 하면 옮겨질 것이요 또 너희가 못할 것이 없으리라. 마태복음 17:17-20.

제자들이 "쫓아낼 수 없었던" 간질병 환자의 악령을 예수님이 단숨에 쫓아내시는 모습을 보았을 때 제자들은 그 이유를 물었다. 그러자 예수님은 "열두 제자를 불러 모으사 모든 귀신을 제어하며 병을 고치는 능력과 권위를"(눅 9:1) 제자들에게 주셨다. 제자들은 자주 그와 같은 능력을 발휘하면서 어떻게 사탄들이 복종하였는지를 예수님께 기쁜 마음으로 보고하였다. 그러나 지금 제자들은 철저하게 실패를 경험하고 있다.

예수님의 명령에 따라 악령이 떠나갔다는 사실은 하나님의 뜻에서나, 그 사건의 본질에서나 그런 기적이 제자들에게 불가능할 이유가 전혀 없다는 것을 증명해 주었다. 그런데 "어찌하여 우리는 그를 쫓아내지 못하였나이까?"라는 표현에서 제자들은 귀신을 쫓아내고 싶었을 뿐만 아니라 내쫓으려고 무척 노력했음이 분명하다. 제자들은 아마도 주님의 이름으로 악령들에게 떠나가라고 명령했을 것이다. 그러나 제자들의 노력은 소용이 없었으며 군중들 앞에서 창피만 당하고 말았다.

"어찌하여 우리는 그를 쫓아내지 못하였나이까?" 이 질문에 대한 예수님의 대답은 간단명료했다. "너희가 믿지 않기 때문이라." 예수님은 귀신을 쫓아냈고 제자들은 귀신을 쫓아내지 못한 이유는 예수님께 특별한 능력이 존재하기 때문이 아니었다. 예수님은 자주 한 가지 권세, 곧 믿음의 권세가 있다고 제자들에게 가르쳐주셨다. 하나님의 나라에서와 마찬가지로 어둠의 나라에서도 이 권세에 모든 것이 꿇어 엎드린다. 영적인 세계에서 실패하는 유일한 이유는 믿음 부족밖에 없다. 믿음은 모든 신적인 능력이 역사할 수 있는 유일한 조건이다. 믿음은 보이지 않는 것들에 민감하게 반응할 수 있는 힘이며, 인간적인 의지를 하나님의 뜻에 내드리고 그에 따라 민감하게 반응하는 원동력이다.

제자들이 귀신을 쫓아내기 위해 받은 권세는 영구적인 선물이나 소유물이 아니었다. 그 권세는 예수님 안에 있으며, 오직 예수님을 믿는 믿음 안에서만 받고 간직하고 사용할 수 있는 것이다. 만약 제자들이 영적인 세계에서 예수님을 믿는 믿음으로 충만해져 있었다면, 예수님의 이름으로 귀신을 쫓아낼 수 있는 권세를 주시는 예수님을 믿는 믿음으로 충만해져 있었다면 이 믿음은 제자들에게 승리를 안겨주었을 것이다. "너희가 믿지 않기 때문이라"는 말씀은 우리가 보여주는 무기력함과 실패를 향한 예수님의 책망이었다.

이런 믿음 부족에는 분명히 한 가지 원인이 있다. 제자들은 이렇게 대꾸했을지도 모른다. "그런데 왜 우리가 믿지 않았다는 거예요? 조금 전까지만 해도 우리는 믿음으로 귀신을 쫓아냈잖아요. 왜 이번에는 제대로 믿지 못했다고 말씀하시는 겁니까?"

예수님은 미처 제자들이 그렇게 묻기도 전에 이렇게 대답하셨다. "이런 종류는 기도와 금식에 의하지 않고는 나가지 아니하느니라."

믿음은 가장 단순할 뿐만 아니라 영성생활의 가장 심오한 훈련이다. 이런 훈련을 통하여 우리의 영은 무엇이든 아주 잘 받아들일 뿐만 아니라 하나님의 성령께 자신을 전적으로 내드리면서 가장 심오한 활동을 담대하게 펼칠 수 있을 정도로 강해진다. 이 믿음은 영성생활의 상태에 따라 달라진다. 오직 이 믿음이 강하고 매우 건강한 상태에 놓여 있을 때라야, 하나님의 성령이 우리의 영성생활에 전적으로 영향을 미칠 때라야 믿음의 권세를 강하게 발휘할 수 있다.

그러므로 예수님은 이렇게 덧붙이셨다. "그러나 이런 종류는 기도와 금식에 의하지 않고는 나가지 아니하느니라." 기도와 금식으로 하나님과 친밀히 교제하면서, 특히 이 세상으로부터 분리되어 초연한 삶을 살아가는 사람들이 아니라면 완강하게 저항하는 귀신을 이겨낼 수 있는 믿음, 곧 제자들에게 맞섰던 악령들을 쫓아내는 믿음을 발휘할 수 없다. 여기서 예수님은 우리에게 기도에 관하여 매우 심오하고도 중요한 두 가지 교훈을 가르쳐주신다. 하나는 믿음을 강하게 성장시키고 지키기 위해서는 반드시 기도생활이 필요하다는 교훈이고, 다른 하나는 기도가 충만하고 온전하게 자라기 위해서는 반드시 금식이 필요하다는 교훈이다.

믿음이 장성하게 자라나기 위해서는 기도생활이 꼭 필요하다. 영성생활의 온갖 다양한 영역에는 서로 밀접하게 인과관계로 연결되어 있는 그런 연관성이, 그런 끊임없는 작용과 반작용이 도사리고 있다. 그것은 믿음에도 마찬가지다. 믿음이 없다면 참된 기도란 있을 수 없다. 일정 분량의 믿음이 기도에 선행되어야 한다. 동시에 기도는 더 깊은 믿음으로 나아가는 지름길이다. 더 많은 기도를 통하지 않고서는 더 높은 믿음의 경지로 나아갈 수 없다. 이것이 바로 예수님이 가르쳐주시는 교훈이다.

우리의 믿음을 성장시키기 위하여 기도보다 더 절실하게 필요한 것은 없다. "너희의 믿음이 더욱 자라고 너희가 다 각기 서로 사랑함이 풍성함이니"(살후 1:3)라는 말씀은 데살로니가교회를 향한 칭찬이다. 예수님은 "너희 믿음대로 되라"(마 9:29)고 말씀하시면서 하나님 나라의 법칙을 선포하셨다. 곧 모든 사람이 같은 수준의 믿음을 갖고 있지 않고, 각 사람은 다양한 믿음의 수준에 도달할 수 있으며, 믿음의 분량은 항상 권능과 축복의 분량을 결정한다는 것이다.

어디에서 어떻게 우리의 믿음이 자라야 하는지 알고 싶다면 주님은 하나님의 보좌를 가리키실 것이다. 기도를 통해 살아계신 하나님과 교제를 나누는 믿음을 발휘함으로써 우리의 믿음이 자랄 수 있다. 믿음은 오직 거룩한 것을 계속 공급받음으로써, 곧 하나님 자신을 계속 공급받음으로써 자랄 수 있다.

하나님이 그분 자신을 계시하시도록 우리의 자신을 내드리는 것은, 하나님을 알고 신뢰하는 능력을 발전시킬 수 있는 것은 하나님을 경배하는 예배를 통해서, 하나님 자신을 바라고 기다리는 것을 통해서, 우리 영혼의 깊은 침묵을 통해서다. 그 능력이 우리를 향한 말씀으로써 하나님의 말씀을 믿고 받아들일 수 있을 만큼 충분히 가까이 다가오게 되는 것은 성경책을 하나님의 말씀으로 받아들일 때이다. 그 말씀을 하나님께로 가져와 그분의 사랑 넘치는 음성으로 우리에게 말씀하시도록 요청할 때이다. 하나님을 신뢰하는 믿음이 생기고, 이 신뢰 안에서 하나님의 말씀을 기꺼이 받아들이고, 하나님이 우리의 믿음을 따라 무엇이든 아낌없이 공급해 주신다는 믿음이 우리 안에서 강해지는 것은 기도를 통해 살아계신 하나님과 만날 때이다.

수많은 그리스도인들은 이렇게, 혹은 저렇게 기도해야 된다는 소리를 들어도 그것이 무슨 의미인지 이해하지 못한다. 그들은 하나님과 보내는 시간에 대해 아무런 관념도 갖고 있지 않거나, 그런 필요성을 전혀 느끼지 못하고 있다. 그러나 하나님의 백성들은 경험을 통해 우리 주님이 말씀하시는 것을 확인해왔다. 강한 믿음의 소유자는 결국 날마다 많이 기도하는 사람이다.

이로써 우리는 예수님이 "하나님을 신뢰하는 믿음을 가져라"고 말씀하신 교훈으로 다시 돌아가게 된다. 우리의 믿음이 뿌리를 깊고 넓게, 그리고 단단히 내려야 하는 곳은 바로 살아계신 하나님이다. 그래야 우리의 믿음은 산을 옮기고 귀신을 쫓아낼 수 있을 만큼 충분히 강해질 것이다. "만일 너희에게 겨자씨만 한 믿음이라도 있다면 능히 못할 일이 없을 것이다."

산을 옮기고 귀신을 내쫓는 과정에서 우리를 위하여 일하시는 하나님께 우리 자신을 온전히 내드리게 된다면 머지않아 우리에게 많은 믿음과 기도가 있어야 한다는 필요성을 충분히 이해하게 될 것이다. 그와 같은 기도는 믿음을 키울 수 있는 유일한 토양이다. 예수님은 우리의 생명이신 동시에 우리 믿음의 생명이시다. 믿음의 영이 능력을 갖게 되는 것은 자아를 죽이고 예수님과 더욱 친밀한 연합을 이루어 더 많이 기도하는 데서 출발한다. 믿음이 장성한 분량까지 자라가기 위해서는 기도가 필요하다.

그런데 이제 기도가 장성한 분량까지 자라가기 위해서는 한 가지 더, 곧 금식이 필요하다. 이것이 두 번째 교훈이다. 기도는 보이지 않는 것을 붙잡는 것이다. 그러나 금식은 보이는 것을 풀어놓고 내던지는 것이다. 식욕과 식도락(食道樂)보다 더 밀접하게 우리의 감각 세계와 연결된 것은 없다. 아담과 하와가 에덴동산에서 유혹을 당했던 것도 먹음직한 열매 때문이었다. 굶주렸을 때 예수님이 광야에서 유혹을 받으셨던 것 역시 돌로 떡을 만들어보라는 것이었다. 그러나 이 금식을 통해 예수님은 승리를 거두셨다.

우리의 몸은 성령의 전으로 구속을 받아야 한다. 성경에서는 먹고 마시는 일을 통해 우리의 영뿐만 아니라 우리의 몸에서도 하나님을 영화롭게 해야 한다고 말한다. 아직도 하나님의 영광을 위해 먹고 마시는 일이 영적인 현실로 자리 잡고 있지 않은 그리스도인이 수두룩하다. 금식과 기도에 관한 예수님의 말씀에서 엿볼 수 있는 것은 오직 스스로 절제하며 자기를 부인하는 삶을 살 때에만 기도할 만한 마음과 힘이 충분히 생겨난다는 것이다.

그러나 이 말씀에는 좀 더 문자적인 의미도 담겨 있다. 슬픔과 염려가 있으면 먹고 마실 수 없지만, 기쁜 일이 있으면 먹고 마시면서 잔치를 벌이게 된다. 강한 욕망을 느끼는 순간이 찾아올 수도 있는데, 이때 각종 욕망을 느끼는 육체가 온갖 어둠의 세력과 맞서 싸우는 싸움을 방해하고 있다고 강하게 느끼게 된다. 그리하여 이 욕망을 잠재울 필요가 있다고 생각하게 된다.

우리는 감각을 지닌 존재이다. 우리의 생각영역은 구체적인 모습으로 다가오는 것들에게 도움을 받는다. 금식은 하나님의 나라를 추구하기 위해 무엇이든 희생하고, 심지어 우리 자신조차도 기꺼이 희생하겠다는 결단을 표현하고 심화시키고 확인하도록 도와준다. 예수님의 금식과 희생을 받으신 하나님은 예수님과 하나님의 나라를 위하여 모든 것을 기꺼이 포기하는 영혼에게 영적인 권능을 부어주시면서, 그 가치를 인정하고 받아들이고 보상해 주신다.

예수님의 말씀은 훨씬 더 폭넓게 적용될 수 있다. 기도는 보이지 않는 하나님께 손을 뻗치는 것이다. 금식은 보이는 것과 일시적인 모든 것을 풀어놓는 과정이다. 하나님이 적극적으로 금지하지 않거나 범죄라고 단정하지 않은 것은 모두 허용된다고 생각하는 그리스도인이 흔히 있다. 그리하여 이 세상에서 속한 것들을 가능한 한 많이 소유하려고 애쓴다. 형통함과 지식과 즐거움을 누리려고 몸부림친다.

그러나 진정으로 성별된 영혼은 전쟁터로 나가는 병사처럼 전투에 꼭 필요한 것만 소지한다. 이생의 재리에 빠지는 것을 두려워하여 우리를 쉽게 혼란에 빠뜨리는 죄악뿐만 아니라 온갖 무거운 것을 버려두고 왔기 때문에, 주님과 그분을 섬기기 위하여 특별히 구별된 나실인의 삶을 살아가기를 열망한다. 심지어 아무리 정당한 것이라 할지라도 이렇게 자발적으로 자신을 성별하지 않는다면 그 누구도 기도의 능력을 얻지 못하게 될 것이다. 이런 종류는 기도와 금식 외에는 쫓아내지 못한다.

예수님의 제자들이여! 주님께 기도하는 법을 가르쳐달라고 요청한 자들은 이제 그분의 교훈으로 나아와 기꺼이 받아들이기 바란다. 예수님은 기도란 믿음의 여정이며, 귀신을 쫓아낼 만한 강한 믿음으로 인도하는 지름길이라고 말씀하신다. 또 이렇게 말씀하신다. "믿음이 있는 자에게는 아무것도 능치 못할 일이 없으리라." 이처럼 영광스러운 약속으로 더 많이 기도할 수 있는 격려를 받도록 하라. 그와 같은 보상을 위해서는 마땅히 대가를 치를 만한 가치가 있지 않은가? 예수님이 열어주시는 길을 따라가기 위하여 다른 모든 것을 기꺼이 포기하지 않겠는가? 필요하다면 당연히 금식도 해야 하지 않겠는가? 무슨 일을 하든지 간에 육신이나 세상이 우리의 생명을 살리는 위대한 일을 방해하지 못하도록 해야 하지 않겠는가? 기도하는 가운데 하나님과 소통함으로써 이 세상을 구하는 일에 하나님이 사용하시는 믿음의 사람이 되어야 하지 않겠는가?

02
Only Prayer is Ability _ Part 3

하나님을 신뢰하는 믿음을 가져라

예수께서 그들에게 대답하여 이르시되 하나님을 믿으라. 내가 진실로 너희에게 이르노니 누구든지 이 산더러 들리어 바다에 던져지라 하며 그 말하는 것이 이루어질 줄 믿고 마음에 의심하지 아니하면 그대로 되리라. 마가복음 11:22-23.

우리의 기도에 응답하신다는 약속은 모든 성경 말씀 중에서 가장 놀라운 메시지 가운데 하나이다. 이 메시지를 들은 사람들은 마음 깊은 곳에서 이렇게 질문해야 한다. '도대체 어떻게 내가 무엇이든지 구한 대로 받은 줄로 아는 믿음을 가질 수 있을까?' 우리 주님이 오늘도 역시 동일하게 대답하고 계시는 것은 바로 이 질문이다.

예수님은 제자들에게 놀라운 약속의 말씀을 전하시기 전에 또 다른 말씀을 통하여 기도 응답에 관한 믿음이 어디에서 오는지, 그리고 그 능력을 어디에서 얻을 수 있는지 보여주신다. "하나님을 신뢰하는 믿음을 가져라. 하나님을 신뢰하는 믿음은 기도 응답을 신뢰하는 믿음보다 앞선다. 하나님을 신뢰하는 믿음을 갖는 것은 곧바로 기도 응답에 대한 약속이다."

어떤 약속을 믿을 수 있는 힘은 전적으로 약속한 자를 신뢰하는 믿음에서 나온다. 한 사람에 대한 신뢰는 그 말을 신뢰하게 만든다. 그러므로 우리는 인격적이고 사랑 넘치는 관계를 맺으며 하나님과 더불어 살아가면서 교제를 나누어야 한다. 하나님이 우리의 전부가 되어야 한다. 우리 전 존재가 지속적으로 전능하신 하나님의 영향력 아래 노출되어야 한다. 하나님의 거룩하신 임재가 계시되는 곳으로 나아가야 한다. 거기야말로 하나님이 무엇이든 구하는 대로 허락하시는 곳이다. 하나님의 약속을 믿는 능력은 바로 거기서 시작된다.

정말로 믿음이 무엇인지 곰곰이 생각해 본다면 하나님을 신뢰하는 믿음과 하나님의 약속을 신뢰하는 믿음 사이의 연관성은 우리에게 점차 분명해지게 될 것이다. 믿음은 종종 어떤 것을 받고 활용하는 우리의 손이나 입에 비유된다. 그러나 다음과 같은 사실을 이해하는 것은 매우 중요하다. 믿음은 약속을 듣는 귀와 받은 것을 바라보는 눈과 같다는 점이다.

약속을 받는 능력은 여기에 달려 있다. 곧 내게 약속하는 사람의 이야기를 들어야 한다. 왜냐하면 나에게 들리는 목소리의 어조가 믿을 수 있는 용기를 주기 때문이다. 또한 그 사람을 똑바로 쳐다보아야 한다. 왜냐하면 눈빛과 얼굴빛에 따라 약속을 받아들일 것인지 말 것인지에 관한 모든 염려가 날아가 버리기 때문이다. 어떤 약속의 가치는 약속하는 사람에게 달려 있다. 약속을 신뢰하는 믿음은 약속하는 사람을 어떻게 인식하고 있느냐에 따라 달라진다.

예수님이 기도에 관한 놀라운 약속의 말씀을 전하시기 전에, 그분이 먼저 "하나님을 신뢰하는 믿음을 가져라"고 말씀하시는 것도 바로 이러한 이유 때문이다. 다시 말해 살아계신 하나님을 향해 두 눈을 활짝 뜨고, 보이지 않는 그분을 바라보려고 애쓰면서 하나님을 뚫어지게 응시하라는 것이다. 내 앞에 펼쳐지는 일들의 영향력에 나 자신을 내어맡기는 것은 바로 눈을 통해서다. 단지 눈으로 본 것만 마음속으로 들어와 영향력을 발휘하도록 허락함으로써 나름대로 내 마음에 인상을 남기게 된다.

그러므로 하나님을 믿는다는 것은 하나님과 그분이 누구인지 바라보는 것이며, 그분의 임재를 계시하도록 그분께 자신을 내어맡기는 것이며, 그분께 시간을 내드리는 것이며, 전 존재를 맡겨드리면서 하나님의 하나님 되심에 따른 온전한 인상을 마음에 새기는 것이다. 이는 하나님의 사랑이 나에게 드리우는 것을 반갑게 맞아들이고 즐기기 위하여 영혼을 활짝 열어젖히는 것이다.

그렇다. 믿음은 하나님이 어떤 분이신지, 그리고 무엇을 행하시는지를 바라보는 눈이다. 믿음을 통하여 하나님의 임재라는 빛과 그분이 강력한 권세로 일하시는 능력이 우리의 영혼 속으로 흘러들어오게 된다. 그리하여 내가 바라보는 것이 내 안에서 살아 있게 되며, 이 믿음으로 말미암아 하나님이 내 안에 살아 계시게 된다.

또한 믿음은 언제나 하나님의 음성을 들을 수 있는 귀이며, 그로 말미암아 하나님과 교제가 계속되는 귀이다. 하나님 아버지는 성령을 통해서 우리에게 말씀하신다. 성자 예수님은 말씀 자체이시며, 하나님이 말씀하시는 본체이시다. 그리고 성령님은 살아 계신 음성이다. 바로 그 음성이 하나님의 자녀를 인도하고 지도해야 한다. 하늘로부터 내려오는 이 같은 은밀한 목소리가 예수님을 가르치셨듯이, 우리에게도 역시 무슨 말을 해야 할지, 그리고 무슨 일을 해야 할지 가르쳐주실 것이다. 그러므로 하나님만을 바라며 기다리는 믿음은 말씀하시는 하나님께 귀를 기울이는 것이다.

이처럼 활짝 열려 있는 귀를 통하여 우리의 영혼은 하나님의 생명과 능력의 영향력 아래 머무르게 된다. 귀로 들은 말씀들이 우리의 마음속으로 들어와 거기에 머물면서 역사하는 것과 마찬가지로, 믿음을 통하여 하나님도 우리의 심령으로 들어와 거기에 머물면서 역사하시게 된다.

우리 영혼의 기관인 눈과 귀가 하나님을 바라보고 그분의 음성을 듣게 되는 것처럼, 이제 믿음이 완전히 제 기능을 발휘하게 될 때 우리 영혼의 손과 입이 하나님과 그분의 축복을 제대로 활용할 수 있게 된다. 또한 그때 믿음도 역시 충분한 능력을 발휘할 수 있게 될 것이다. 약속을 받는 능력은 영적인 지각 능력에 전적으로 의존하게 될 것이다. 이와 같은 이유로 하나님이 믿음의 기도에 대한 응답의 약속을 내놓기 전에, 먼저 예수님이 "하나님을 신뢰하는 믿음을 가져라"고 말씀하신 것이다.

믿음은 단순한 항복이다. 내 귀로 듣는 소식이 나에게 주는 인상에 전적으로 나를 내어놓는 것이다. 나는 믿음으로 살아계신 하나님께 나 자신을 내드리게 된다. 그러면 하나님의 영광과 사랑이 내 마음을 가득 채우게 되며, 내 삶에 대한 통제권을 갖게 된다.

믿음은 교제이다. 우리는 나와 약속을 정하고 그 약속으로 나와 연결되는 친구의 영향력 아래 나를 내어맡긴다. 그런데 우리가 믿음 안에서 항상 하나님을 바라보며 하나님의 음성을 듣는 것, 기도에 관한 하나님의 약속을 쉽사리 자연스럽게 믿는 것은 바로 하나님과 이처럼 생생하게 살아 있는 교제 안으로 들어가는 때이다. 그 약속을 신뢰하는 믿음은 약속하는 자를 신뢰하는 믿음의 열매이다. 믿음의 기도는 믿음생활에 뿌리를 두고 있다. 그리고 이런 식으로, 효과적으로 기도하는 믿음은 사실상 하나님의 선물이다.

하나님은 어떤 것도 단숨에 모든 것을 허락하거나 불어넣지 않으신다. 오히려 더 깊고 진실하게, 어떤 것이든 하나님과 교제를 나누는 삶 속에서 형성되고 자라나는 영혼의 복된 기질이나 습관으로 우리 안에서 서서히 자리 잡게 하신다. 하나님 아버지를 잘 알고 있으면서 그분과 끊임없이 친밀한 교제를 나누며 살아가는 사람에게는, 확실히 그분 자신과 연합하여 살아가는 자녀가 원하는 것을 행하시겠다는 하나님의 약속을 믿기란 너무나 쉬운 일이다.

수없이 많은 하나님의 자녀들이 기도의 능력에 대하여 제한적인 경험밖에 할 수 없는 이유는 바로 믿음의 삶과 믿음의 기도 사이에 존재하는 이와 같은 연관성을 제대로 이해하지 못하기 때문이다. 하나님으로부터 응답받기를 간절히 소망할 때 자녀들은 그 약속에 온 마음을 다 쏟아 부으면서 믿음으로 그 약속을 붙잡으려고 최선을 다한다. 그런데 그런 노력이 성공을 거두지 못할 때 사람들은 쉽게 소망을 포기하고 만다. 그 약속은 진실하지만 그것을 믿음으로 받아들이기에는 자기 능력의 범위를 훨씬 벗어난다는 핑계 때문이다.

예수님이 오늘 우리에게 가르쳐주시는 교훈에 한 번 더 귀를 기울여보라. 하나님, 곧 살아계신 하나님을 신뢰하는 믿음을 가져라. 믿음의 초점을 약속하신 것에 두기보다는 오히려 하나님을 더 많이 바라보도록 하라. 그 믿음을 일깨우고 불러일으키는 것은 바로 하나님의 사랑, 하나님의 능력, 하나님의 살아계신 임재이기 때문이다.

손과 팔의 힘만 더 키우게 해달라고 요구하는 사람에게 트레이너는 신체의 균형을 위해 전반적인 체력을 키워야 한다고 조언할 것이다. 그와 마찬가지로 연약한 믿음에 대한 치유책은 오직 하나님과 나누는 교제를 통하여 우리의 전반적인 영성생활을 고양시킴으로써 가능해진다. 우리는 하나님을 신뢰하는 법, 그 약속을 단단히 붙잡는 법, 하나님이 우리의 삶을 소유하시도록 하는 법을 배워야 한다. 그러면 그 약속을 더 쉽게 붙잡을 수 있을 것이다. 하나님을 알고 신뢰하는 사람은 훨씬 더 쉽게 그 약속을 신뢰하는 법도 터득하게 된다.

이 사실이 구약 성도들의 삶에서 얼마나 분명하게 나타났는지 한 번 주목해보라. 특별한 믿음의 능력이 나타나는 것은 하나님으로부터 나오는 특별 계시의 열매이다. 우리는 아브라함에게서 믿음의 능력이 나타나는 모습을 보게 된다. "이 후에 여호와의 말씀이 환상 중에 아브람에게 임하여 이르시되 아브람아 두려워하지 말라. 나는 네 방패요 너의 지극히 큰 상급이니라. 그를 이끌고 밖으로 나가 이르시되 하늘을 우러러 뭇별을 셀 수 있나 보라. 또 그에게 이르시되 네 자손이 이와 같으리라. 아브람이 여호와를 믿으니 여호와께서 이를 그의 의로 여기시고"(창 15:1,5-6).

  그리고 나중에 다시 한 번 이렇게 말씀하셨다. "아브람이 구십구 세 때에 여호와께서 아브람에게 나타나서 그에게 이르시되 나는 전능한 하나님이라. 너는 내 앞에서 행하여 완전하라. 아브람이 엎드렸더니 하나님이 또 그에게 말씀하여 이르시되 보라. 내 언약이 너와 함께 있으니 너는 여러 민족의 아버지가 될지라"(창 17:1,3-4). 이 약속에 살아 있는 힘을 불어넣어 아브라함의 마음속으로 들어와 믿음을 키워준 것은 바로 하나님의 계시였다. 이러한 믿음의 사람들은 하나님을 알았기에 하나님의 약속을 믿을 수밖에 없었다.

  하나님의 약속은 하나님 자신이 어떤 분인지를 우리에게 알려

줄 것이다. 실제로 그 약속을 받는 것은 살아계신 하나님이 말씀하시는 동안 주님 앞으로 나아와 엎드려 경청하는 사람들이다. 우리에게는 성경에 기록된 무수한 하나님의 약속이 있으며, 얼마든지 그 약속을 지키라고 요구할 만한 충분한 자유가 있다. 그러나 하나님이 친히 우리에게 그것들을 말씀하지 않으신다면 그 약속에는 영적인 능력이 별로 없다. 하나님은 오직 자신과 동행하면서 살아가는 사람들에게 친히 말씀하신다.

그러므로 우리는 하나님을 신뢰하는 믿음을 가져야 한다. 믿음이 우리 영혼의 눈과 귀를 온전히 순복시키도록 해야 한다. 그리하여 하나님이 우리에게 커다란 인상을 남기도록 하여, 우리의 영혼에 하나님 자신을 충만히 계시하도록 해야 한다. 하나님을 신뢰하는 믿음을 갖되 살아계신 전능하신 하나님으로 믿어야 한다. 이를 여러 가지 중대한 기도의 축복 가운데 하나로 받아들여야 한다. 하나님은 자기 뜻을 따라 선하고 유쾌한 일이 믿음의 능력으로 우리 안에서 성취되기를 기다리고 계신다. 하나님을 사랑의 하나님으로, 그분 자신을 흔쾌히 나눠주시는 분으로 바라보라. 이처럼 하나님을 신뢰하는 믿음으로 경배를 드리게 될 때 다음과 같은 약속의 능력 역시 신속하게 믿을 수 있게 될 것이다. "너희가 기도할 때에 무엇이든지 믿고 구하는 것은 다 받으리라"(마 21:22). 그렇다. 우리는 믿음을 통해 하나님을 나만의 하나님으로 만들어야 한다. 그러면 이 약속도 역시 나의 소유가 될 것이다.

예수님은 오늘 우리에게 매우 귀중한 교훈을 가르쳐주신다. 우리는 하나님의 선물을 추구하지만 하나님은 우리에게 그분 자신을 가장 먼저 내주기를 원하신다. 우리는 기도를 하늘에서 좋은 선물을 끌어오는 수단이라고 생각하고, 예수님에 대해서도 우리 자신을 하나님께로 데려가는 수단이라고 생각한다. 우리는 그냥 문 앞에 서서 큰소리로 외치고 싶어 하지만 예수님은 먼저 우리가 문 안으로 들어오기를 원하신다. 거기에서 친구와 자녀 관계를 맺고 이로 말미암은 축복을 깨닫기 원하신다.

이와 같은 예수님의 가르침을 받아들이도록 하자. 기도하면서 우리의 믿음이 얼마나 작은지 경험할 때마다 먼저 살아계신 하나님을 신뢰하는 더 큰 믿음을 갖고 이 믿음을 발휘하는 계기가 되도록 하자. 그러한 믿음으로 우리 자신을 그분께 내드리게 될 것이다. 하나님으로 가득한 심령은 믿음의 기도를 드릴 수 있는 힘을 얻게 될 것이다. 하나님을 신뢰하는 믿음은 기도 응답에 대한 약속을 신뢰하는 믿음도 역시 키워줄 것이다.

그러므로 하나님의 자녀들이여, 시간을 들여서 하나님 앞에 꿇어 엎드려 하나님이 그분 자신을 계시하도록 잠잠히 기다려라. 당신의 영혼이 거룩한 경외심과 경배를 통해 무한하신 하나님을 신뢰하는 믿음을 발휘하고 표현하는 시간을 갖도록 하라. 하나님이 그분 자신을 나눠주시며 당신을 소유하실 때 믿음의 기도는 하나님을 신뢰하는 당신의 믿음에 면류관을 씌워줄 것이다.

03
Only Prayer is Ability _ Part 3

지체되더라도
흔들리지 마라

예수께서 그들에게 항상 기도하고 낙심하지 말아야 할 것을 비유로 말씀하여… 주께서 또 이르시되 불의한 재판장이 말한 것을 들으라. 하물며 하나님께서 그 밤낮 부르짖는 택하신 자들의 원한을 풀어주지 아니하시겠느냐. 그들에게 오래 참으시겠느냐. 내가 너희에게 이르노니 속히 그 원한을 풀어주시리라. 누가복음 18:1,6-8.

기도 세계에서 가장 신비로운 것은 오래 참는 꾸준한 기도, 끈질긴 기도가 필요하다는 것이다. 우리에게 복주시기를 너무나 즐기고 갈망하시는 주님이 왜 응답을 주시기 전까지 우리의 간구를 자꾸 되풀이하여, 때로는 여러 해에 걸쳐서 지속적으로 들으셔야 하는지 우리는 그 이유를 쉽게 이해하지 못한다. 꾸준히 믿음의 기도를 드리기 어려운 가장 실제적인 이유가 여기에 있다. 끈질기게 기도한 뒤에도 우리의 기도가 응답되지 않은 채로 남아 있을 때, 겉으로는 경건한 모양을 온전히 보일지라도 우리의 게으른 육신은 이렇게 생각하기 쉽다. 하나님이 응답을 보류하시는 데에는 그만한 이유가 있기 때문에 이제는 기도를 멈춰야 한다고 말이다.

오직 믿음만이 어려움을 이겨낼 수 있다. 믿음이 하나님의 말씀과 예수님의 이름 위에 굳게 서 있다면, 또 기도할 때 성령님의 인도하심에 자신을 맡기고 오직 하나님의 뜻과 영광만을 추구한다면 아무리 응답이 지체되더라도 실망할 필요가 없다. 믿음 있는 기도의 능력은 아무도 억누를 수 없으며, 참된 믿음은 결코 실망하지 않는다는 것을 성경을 통해 알 수 있다. 믿음은 마치 물처럼 어떻게 해야 힘을 발휘하게 되는지를 잘 알고 있다. 물은 함께 모여서 시내를 이루어야 힘차게 흘러내릴 수 있는 것처럼 믿음도 능력을 발휘하기 위해서는 함께 모여야 한다.

그와 마찬가지로 기도도 때로는 가득 쌓여야 비로소 그 분량이 충분하다고 생각하시어 하나님이 응답을 주신다. 마치 농부가 수천 번도 더 들판을 들락거리는 것처럼, 봄에 씨앗을 뿌리고서도 마지막 추수할 때까지 수없이 많은 수고를 해야 하는 것처럼 믿음은 얼마나 자주 반복적으로 끈질긴 기도가 필요한지, 소망하는 축복을 받기 위하여 어떻게 모든 것이 합력해야 하는지 잘 알고 있다.

믿음의 기도는 하늘에 영향을 미치게 된다. 끝까지 끈기 있게 구하는 사람에게는 정해진 때가 이르러 응답을 실행하기까지 그 기도들이 차곡차곡 쌓이게 된다. 믿음의 기도는 인간적인 생각이나 가능성과는 아무런 상관이 없다. 오직 살아계신 하나님의 말씀과 밀접한 관련이 있다. 아브라함도 여러 해에 걸쳐 "아브라함이 바랄 수 없는 중에 바라고 믿었으니"(롬 4:18), 그 이후에야 "믿음과 오래 참음으로 말미암아 약속들을 기업으로"(히 6:12) 받았던 것처럼 하나님이 약속을 이루실 때까지 오래 참고 기다리면서 끝까지 기도해야 한다.

기도 응답이 곧바로 이루어지지 않을 때도 우리는 조용한 인내와 즐거운 확신으로 끈질긴 기도를 드려야 한다. 그렇게 할 수 있으려면 예수님이 하나님 아버지의 성품과 행실을 묘사하면서 이야기하신 두 마디 말씀을 제대로 이해해야 한다. 이것은 불의한 재판장이 아니라 하나님에 관한 것임을 이해하려고 특별한 노력을 기울여야 한다. 하나님은 자신에게 밤낮으로 부르짖도록 허락하신 사람들을 향하여 성품과 행실을 준비시키신다. "하나님께서 그 밤낮 부르짖는 택하신 자들의 원한을 풀어 주지 아니하시겠느냐. 그들에게 오래 참으시겠느냐. 내가 너희에게 이르노니 속히 그 원한을 풀어주시리라."

예수님은 하나님이 속히 그 사람들의 원한을 갚아주실 것이라고 말씀하신다. 그 축복은 이미 준비되어 있었다. 하나님은 그 사람들이 구하는 것을 기꺼이 허락하실 뿐만 아니라 열정적으로 베푸시기를 원하신다. 하나님의 영원한 사랑은 사랑하는 사람들에게 그 사랑을 충분히 드러내고 그 필요를 채우기 위한 열망으로 불타고 있다. 하나님은 그것이 절대적으로 필요하다면 단 한순간도 지체하지 않으실 것이다. 하나님은 모든 능력을 동원하여 속히 응답하려고 몸부림치고 계신다.

그러나 이것이 사실이고 하나님의 능력이 무한하다면 기도 응답을 받는 데 왜 그토록 오랜 시간이 걸린단 말인가? 그리고 왜 하나님이 친히 택하신 자들이 그렇게 자주 고난과 갈등 중에서 밤낮으로 하나님께 부르짖어야 한단 말인가? "그러므로 형제들아 주께서 강림하시기까지 길이 참으라. 보라. 농부가 땅에서 나는 귀한 열매를 바라고 길이 참아 이른 비와 늦은 비를 기다리나니 너희도 길이 참고 마음을 굳건하게 하라"(약 5:7-8). 농부는 당연히 추수를 간절히 바라지만, 이를 위해서는 충분한 시간 동안 햇빛과 비가 내려야 한다는 사실을 잘 알고 있기에 얼마든지 오래 참는다. 어린아이는 자주 설익은 열매를 따먹고 싶어 하지만 농부는 적절한 시기까지 기다리는 법을 알고 있다.

  인간의 영적인 본성 역시 모든 피조물을 지배하는 점진적인 성장의 법칙 아래 놓여 있다. 그 사람이 오직 그와 같은 성장의 여정을 따라갈 경우에만 신성한 목적지에 도달하게 된다. 또한 그 손으로 때와 계절을 붙잡고 있는 하나님은 우리의 영혼과 교회가 장성한 믿음의 분량까지 충분히 무르익어 정말로 축복을 받아서 유지할 수 있는 순간이 언제인지를 알고 계신다. 하나밖에 없는 어린 아들이 학교에서 집으로 돌아오기를 갈망하면서도 수업시간이 끝날 때까지 끈기 있게 기다리는 이 세상의 아버지와 마찬가지로 하나님 아버지도 그러하시다. 하나님은 오래 참으면서도 속히 응답하시는 분이다.

  이와 같은 진리를 올바로 통찰한다면 그에 상응하는 기질, 곧 인내와 믿음, 기다림과 찬양을 키워야 한다. 이것이 바로 하나님이 오래 참고 기다리시는 은밀한 이유이다. 우리는 하나님의 약속을 믿는 믿음으로 지금까지 하나님께 끈질기게 간청해왔다. 믿음은 보이지 않는 영적 소유물로서 약속하신 응답을 받아서 간직하고 있으며, 이와 같은 영적 소유물로 말미암아 기뻐하면서 하나님을 찬양하게 된다. 그러나 단지 말씀을 붙잡고 약속이 있음을 아는 믿음과 그 약속을 현재 경험으로 얻는 명확하고 충실하고 성숙한 믿음 사이에는 커다란 차이가 있다. 우리의 영혼은 끈기 있게 확신을 가지고 하나님을 찬양하는 기도를 통해 하나님과 완전히 연합하는 상태로 자라간다. 불신앙이 아니라 이런 상태에서만 하나님의 축복을 온전히 소유하게 된다.

온전한 응답이 임하기 전에 기도를 통해 올바로 세워져야 하는 것들이 우리에게 있을 수 있다. 그것은 우리가 일원으로 참여하고 있는 훌륭한 체계일 수도 있고 하나님의 기관일 수도 있다. 예수님의 명령에 따라 이미 응답받은 줄로 믿는 믿음은 하나님의 시간 계획을 얼마든지 받아들일 수 있다. 왜냐하면 이런 믿음은 지금까지 성공을 거두어 왔으며 반드시 성공해야 한다는 것을 잘 알고 있기 때문이다. 이런 믿음은 조용하고 지속적이며 결단력 있는 끈기를 통해 축복이 임할 때까지 기도와 감사를 계속 드리게 한다.

그러므로 우리는 언뜻 보기에는 서로 모순된 것처럼 여겨지는 것이 사실은 결합되어 있음을 알게 된다. 다시 말해 하나님의 응답을 현재 소유하고 있는 것처럼 여기면서 즐거워하는 믿음과 그 응답을 직접 받을 때까지 밤낮으로 부르짖으면서 인내하는 믿음이 서로 협력하고 있다. 오래 참으시는 하나님의 신속함이 기다리는 자녀의 인내하는 믿음을 만나게 된다.

응답이 지체되는 단계에서 맞이하게 되는 위험요소는 우리가 구한 것을 허락하지 않으시는 것이 하나님의 뜻일지도 모른다고 생각하는 것이다. 우리의 기도가 하나님의 말씀을 따르는 동시에 성령님의 인도하심 아래 놓여 있다면 절대 이러한 두려움에 굴복하지 않도록 주의하라. 하나님께 시간을 드리는 법을 배우도록 하라. 하나님도 우리에게 시간을 들일 필요가 있다. 우리가 하나님께 시간을 드리기만 한다면, 다시 말해 날마다 하나님과 함께 교제하는 데 시간을 들인다면, 하나님이 임재하시는 가운데 우리에게 충분한 영향력을 발휘하신다면, 날마다 우리의 존재가 하나님의 임재를 증거하고 우리의 모든 존재를 충만하게 채우도록 믿음으로 기다리는 시간을 들인다면 하나님이 우리를 비전으로 인도하실 것이다. 그러면 우리는 하나님의 영광을 바라보게 될 것이다.

아무리 응답이 지체된다 하더라도 믿음이 흔들리지 않도록 조심하라. 응답이 임해야 할 바로 그때에 응답이 오게 하는 것이 믿음이기 때문이다. 이런 믿음과 관련하여 다음과 같은 진리가 있다. 먼저 잎이 돋아나야 이삭이 자라나고 알곡이 맺히게 된다. 모든 믿음의 기도는 최후 승리로 더 가까이 다가가는 발걸음이다. 모든 믿음의 기도는 열매를 무르익도록 하며, 보이지 않는 세계에서 벌어지는 방해를 정복하고 속히 목적지에 다다르게 하여 최후 승리를 앞당긴다. 그런 기도는 오직 하나님만이 알고 계시는 기도와 믿음의 분량을 가득 채우게 한다.

하나님의 자녀들이여! 하나님 아버지께 시간을 드려라! 하나님은 당신을 오래 참으신다. 당신의 축복이 풍성하고 충분하고 확실해지기를 원하신다. 밤낮으로 부르짖으면서 하나님께 충분한 시간을 드려라. 오직 "내가 너희에게 이르노니 속히 그 원한을 풀어주시리라"는 약속의 말씀을 기억하라.

이러한 끈질긴 기도의 축복은 이루 다 표현할 수 없을 정도이다. 믿음의 기도만큼 철저하게 마음의 성찰이 이루어지게 하는 것은 없다. 믿음의 기도는 당신에게 축복이 임하는 것을 방해하는 온갖 요소, 곧 하나님 아버지의 뜻을 따르지 않는 모든 것을 발견하여 자백하고 포기하게 만든다.

믿음의 기도는 당신에게 기도를 가르쳐줄 수 있는 유일한 분과 함께 더욱 친밀한 교제를 나눌 수 있도록 인도한다. 보혈과 성령 아래서는 완전한 순복이 가능하다. 믿음의 기도는 오직 그리스도 안에 더욱 가까이 단순하게 머물러 있도록 요청한다.

그리스도인들이여! 하나님께 시간을 드려라! 하나님은 무엇이든지 당신을 염려하게 만드는 것을 온전하게 하실 것이다. "오래 참으시는 가운데 속히." 이것이 바로 기도의 문으로 들어가려고 할 때 하나님이 우리에게 보여주시는 슬로건이다.

자기 자신을 위해 기도하든 다른 사람들을 위해 기도하든 항상 동일한 태도를 취하도록 하라. 신체적이든 정신적이든 모든 수고에는 시간과 노력이 필요하다. 우리는 거기에 몰두해야 한다. 자연은 오직 부지런하고 사려 깊은 수고에 대해서만 그 비밀을 드러내고 보화를 내어준다. 우리가 거의 이해하지 못하고 있을지도 모르지만 영적인 농사도 그와 마찬가지다. 천국 땅에 씨앗을 뿌리는 일, 거기에 들이는 온갖 노력, 저 위에 있는 세상에서 행사하기 위해 애쓰는 영향력, 이 모든 것에는 우리의 전 존재를 완전히 몰두해야 한다. 그리하여 끝까지 포기하지 않는다면 때가 이르렀을 때 풍성하게 수확하리라는 강한 확신을 가져라.

04

Only Prayer is Ability _ Part 3

기도로 하나님의 뜻에 순종하라

내가 여호와의 명령을 전하노라. 여호와께서 내게 이르시되 너는 내 아들이라. 오늘 내가 너를 낳았도다. 내게 구하라. 내가 이방 나라를 네 유업으로 주리니 네 소유가 땅끝까지 이르리로다. 시편 2:7-8.

  신약성경에서 우리는 믿음과 지식 사이에 분명한 구분이 있음을 발견한다. "각 사람에게 성령을 나타내심은 유익하게 하려 하심이라. 어떤 사람에게는 성령으로 말미암아 지혜의 말씀을, 어떤 사람에게는 같은 성령을 따라 지식의 말씀을, 다른 사람에게는 같은 성령으로 믿음을, 어떤 사람에게는 한 성령으로 병

고치는 은사를, 어떤 사람에게는 능력 행함을, 어떤 사람에게는 예언함을, 어떤 사람에게는 영들 분별함을, 다른 사람에게는 각종 방언 말함을, 어떤 사람에게는 방언들 통역함을 주시나니, 이 모든 일은 같은 한 성령이 행하사 그의 뜻대로 각 사람에게 나누어주시는 것이니라"(고전 12:7-11).

어린아이나 순박한 믿음을 지닌 그리스도인은 학식이 별로 없어도 믿음이 클 수 있다. 어린아이 같은 믿음은 별다른 어려움 없이 진리를 받아들일 수 있으며, 하나님이 그렇게 말씀하셨다는 이유만으로도 그 진리를 믿는다. 그래서 빈틈없는 이성적인 근거를 제시하는 데에는 별다른 관심을 기울이지 않는다.

그러나 하나님은 우리가 온 마음과 정성과 뜻을 다하여 하나님을 사랑하고 섬기기를 원하신다. 하나님이 일하시는 모든 방식과 말씀이 얼마나 아름다운지 꿰뚫어보기를 원하신다. 하나님은 우리가 통찰력을 길러 하나님의 지혜를 깨닫길 원하신다. 그것이 바로 하나님의 뜻이다.

오직 이렇게 함으로써 성도는 하나님의 은혜에 따른 영광에 가까이 다가가 올바로 경배할 수 있게 된다. 그래야 우리 마음이 구속 안에 있는 지혜와 지식의 보화를 잘 이해할 수 있으며, 보좌 앞에서 올려드리는 고상한 노래 곡조에 참여할 수 있다. "깊도다. 하나님의 지혜와 지식의 풍성함이여, 그의 판단은 헤아리지 못할 것이며 그의 길은 찾지 못할 것이로다"(롬 11:33).

　이 진리는 우리의 기도생활에 충분히 적용될 수 있다. 기도와 믿음은 너무나 단순하기에 새로 태어난 회심자라도 얼마든지 능력 있게 기도할 수 있으며, 성숙한 그리스도인이라도 깊은 의문을 제기할 수 있다. 기도의 능력은 얼마나 생생하게 다가올 수 있는가? 도대체 어떻게 하나님은 그처럼 강력한 기도의 능력을 부어주실 수 있는가? 어떻게 기도하는 행위가 하나님의 뜻과 명령과 조화를 이룰 수 있는가? 어떻게 하나님의 주권과 우리의 뜻, 하나님의 자유와 우리의 자유가 서로 화해를 이룰 수 있는가? 이러한 질문들은 그리스도인들이 묵상하고 탐구하기에 적절한 주제들이다. 이러한 신비로운 주제에 간절하고 경건하게 접근할수록 우리는 점점 더 놀라운 경이감 가운데 하나님을 경배하게 되고, 기도하는 사람에게 그런 능력을 주시는 하나님을 더 많이 찬양하게 된다.

　기도와 관련하여 우리가 경험하는 어려움 가운데 하나는 하나님의 완전하심을 잘못 이해한 결과이다. 하나님은 자신 이외의 어떤 것에도 의존하지 않으시는 분이다. 하나님은 자신의 존재 이유를 오직 그분 자신에게서만 찾으며, 그분 스스로 모든 것을 결정하며, 그분의 지혜롭고 거룩한 뜻으로 존재하는 모든 것을 스스로 결정해온 무한하신 분이다.

그런데 도대체 어떻게 우리의 기도가 그런 분에게 영향을 미칠 수 있는가? 도대체 어떻게 이루어질 수 없는 일을 하도록 그분을 움직일 수 있단 말인가? 기도 응답에 관한 약속은 단순히 우리의 연약함에 대해 그저 은혜를 베푸시겠다는 것이 아닌가? 기도의 능력에 관하여 언급된 말씀도 단지 우리의 사고방식을 적용하는 것을 넘어서야 하지 않겠는가? 신성이란 어떤 외부적인 작용에도 좌우되지 않기 때문이다. 그런데 기도의 실제적인 축복 역시 단지 그 기도가 우리 자신에게 미치는 영향력일 뿐이지 않은가?

이러한 질문들에 대한 답을 찾아보는 과정에서 우리는 하나님의 존재 자체에서, 성 삼위일체의 신비 속에서 하나님께 다가가는 열쇠를 찾게 된다. 만약 하나님이 오직 한 위격으로 존재하고 그분 자신 안에 갇혀 있다면 하나님께 가까이 다가간다거나 그분께 영향을 미친다는 생각은 있을 수 없을 것이다.

그러나 하나님 안에서는 세 분의 위격이 존재한다. 하나님 안에서 우리는 성부와 성자와 성령으로 존재하는 분을 만나며, 이 세 분의 연합과 교제라는 살아 있는 결속 관계를 만나게 된다. 영원한 사랑이신 성부께서 성자에게 아버지 노릇을 하면서 자기 옆자리와 보혜사를 허락하셔서 자신과 동등하게 하시고 서로 의견을 나누는 존재가 되게 하셨을 때, 성자께서는 기도를 통하여 하나님의 가장 깊은 내적인 삶 속으로 들어가 영향력을 끼칠 수 있는 길을 열어주셨다.

성부와 성자 사이의 총체적인 관계는 하늘 위에서와 마찬가지로 땅에서도 주고받는 관계이다. 그런데 받는 것이 주는 것만큼이나 자발적이고 스스로 결정한 것이 되려면 성자 편에서 먼저 구하고 받는 것이어야 한다. 성 삼위 사이의 거룩한 교제 안에서 이 같은 성자의 간구는 성부께서 몇 배로 축복을 부어주시는 요인 가운데 하나였다. 그것이 바로 시편 2편에서 이렇게 말씀하시는 이유이다. "내가 여호와의 명령을 전하노라. 여호와께서 내게 이르시되 너는 내 아들이라. 오늘 내가 너를 낳았도다. 내게 구하라. 내가 이방 나라를 네 유업으로 주리니 네 소유가 땅끝까지 이르리로다"(7-8절).

성부는 자신에게 영향을 미칠 수 있는 지위와 능력을 성자에게 허락하셨다. 성자의 간구는 그저 보여주기 위한 것이나 실체가 없는 그림자가 아니다. 그것은 성부와 성자의 사랑이 서로 만나서 완성되는 생명 활동 가운데 하나였다. 성부는 홀로 생각하고 결정하시기보다는 성자의 간구를 듣고 그에 따라 행동하기로 결정하셨다. 그러므로 성자의 간구는 바로 그 하나님의 존재와 삶 속에서 결정된다. 지상에서 이루어지는 기도 역시 이를 반영한 것이어야 하며, 여기에서 비롯된 것이어야 한다.

그래서 예수님은 이렇게 말씀하셨다. "아버지여 내 말을 들으신 것을 감사하나이다. 항상 내 말을 들으시는 줄을 내가 알았나이다"(요 11:41-42). 이 땅에서 하나님의 아들 되심이 하늘에서 그분의 아들 되심과 결코 분리될 수 없는 것처럼 이 땅에서 예수님의 기도 역시 하늘에서 예수님의 간구를 이어주는 것이다. 성자 예수님의 기도는 성부의 품에 안겨 있는 독생자의 영원한 간구와 이 땅에서 올려드리는 우리 인간의 기도 사이를 이어주는 연결고리이다. 기도의 가장 깊은 근원은 바로 하나님의 존재 안에서 꿈틀대고 있다. 성부의 품 안에서는 어떤 것도 기도 없이 이루어질 수 없다. 기도는 성자의 간구와 성부의 응답으로 이루어져 있기 때문이다.

이로써 우리는 성자에게서 비롯된 인간의 기도가 어떻게 성부 하나님께 영향을 미칠 수 있는지를 어느 정도 이해하게 된다. 성자, 성자의 간청, 또한 성자를 통하여 올려드린 간구와 관련되지 않은 하나님의 명령은 있을 수 없다. 주 예수님은 독생자시요, 만물의 맏이시요, 머리이며 상속자시다. 만물이 그분으로 말미암아 창조되었으며, 그분을 위하여 창조되었다. 그리고 만물은 그분으로 이루어져 있다. 하나님 아버지께서 결정을 내리실 때마다 모든 피조 세계의 대표자로서 성자 예수님은 항상 목소리를 내셨다. 영원한 목적을 위한 하나님의 명령에서도 중보자로서 성자께서 자유롭게 활동할 여지는 항상 남아 있다. 성자를 통하여 성부께로 나아가는 인간의 탄원에도 역시 동일한 원리가 적용된다.

성부께 영향을 미칠 수 있는 성자의 이러한 자유와 능력이 하나님 명령의 불변성과 모순되는 것처럼 보인다면 하나님은 인간처럼 고정된 과거에 묶여 있을 필요가 없다는 사실을 기억하도록 하라. 그분은 실제로 과거와 미래라는 시간에 갇혀 살지 않는다. 시간의 구분은 영원에 머물고 계신 그분에게는 아무런 의미가 없다. 그러니까 이 영원은 늘 존재하는 지금 이 순간이며, 그 안에서는 과거도 그냥 지나가 버리는 과거가 아니며, 미래도 역시 늘 존재하는 현재이다. 그러나 인간에게 시간을 이해시키기 위하여 성경은 과거의 섭리와 다가오는 미래를 이야기할 수밖에 없다.

실제로 하나님의 계획은 결코 변하지 않는다는 점과 하나님은 원하는 대로 행하신다는 그분의 자유는 서로 완벽한 조화를 이룬다. 성자의 기도와 그 백성의 기도도 역시 변하지 않는 성격을 가지고 있다. 그 결과 성부는 마음을 활짝 열어놓고 성자를 통하여 올라가는 모든 기도에 귀를 기울이고 계신다. 이처럼 하나님은 기도가 아니라면 전혀 행하시지 않았을 일을 하시기 위하여 스스로 기도에 감동하실 수 있는 길을 열어두셨다.

하나님의 신성한 주권과 인간의 자유 사이의 이 같은 완벽한 조화는 쉽사리 헤아릴 수 없는 심오한 신비이다. 영원하신 하나님은 우리의 모든 생각을 초월하시기 때문이다. 그러나 기도의 능력은 하나님 아버지와 성자 예수님의 영원한 교제 안에 근원을 두고 있다는 사실을 확실히 알고서, 그 신비를 우리의 위안과 힘으로 삼아야 한다. 우리는 성자 예수님과 연합함으로써 우리의 기도를 하나님께 전하고, 복되신 삼위일체의 내적인 삶 속으로 들어가 영향력을 미칠 수 있게 된다.

하나님의 섭리는 인간에게 아무런 자유도 남겨주지 않는 견고한 틀이 아니다. 하나님은 육신이 되신 아들 안에서 모든 인간과 지극히 애정어린 관계를 시작하신 살아 있는 사랑 자체이시다. 또한 하나님은 성령을 통해 인간의 모든 것을 하나님의 사랑이라는 거룩한 삶 속으로 들어오게 하시며, 세상을 다스리는 일에서 모든 인간의 기도가 저마다 나름대로 역할을 할 수 있도록 도우신다.

이렇게 생각해볼 때 복되신 삼위일체께서 가르치신 교훈은 추상적인 사색이 아니라 인간이 어떻게 하나님의 교제 속으로 들어갈 수 있으며, 인간의 기도가 어떻게 이 세상을 다스리시는 하나님의 통치에서 실제적인 요인으로 자리 잡게 되는지를 생생하게 설명해주는 샛별이다. 우리는 이 말씀을 통해 영원한 세계에서 흘러나오는 밝은 빛을 흘끗 바라볼 수 있게 된다. "이는 그로 말미암아 우리 둘이 한 성령 안에서 아버지께 나아감을 얻게 하려 하심이라"(엡 2:18).

05

Only Prayer is Ability _ Part 3

기도로 하나님의 계획에 동참하라

예수께서 말씀하시되 이 형상과 이 글이 누구의 것이냐. 마태복음 22:20. 하나님이 이르시되 우리의 형상을 따라 우리의 모양대로 우리가 사람을 만들고. 창세기 1:26.

"이게 누구의 형상이며 글이냐?" 이 질문으로 예수님은 자신을 궁지로 몰아넣으려는 자들을 물리치시면서 세금을 내는 것과 관련된 책임 문제를 해결하셨다. 그 질문에 내포된 문제와 원리는 보편적으로 인간에게 적용되는 것이다. 인간 자신의 내면보다 더 진실한 것은 없다. 그 사람의 이미지는 운명을 결정한다. 하나님의 형상을 가진 사람은 하나님께 속한 존재이며,

하나님께 기도하는 것이야말로 인간을 창조하신 목적 가운데 하나이기도 하다. 기도는 우리 인간이 지니고 있는 것 중에서 하나님의 신성한 원래 모습과 놀랍도록 닮았다. 기도는 성삼위 일체 하나님이 나누시는 신비로운 사랑의 교제와 유사하기 때문이다.

기도로 나타나는 놀라운 능력에 관하여 묵상하면 할수록 우리는 인간이 무엇이기에 하나님의 계획과 섭리에 동참할 수 있는지 물어보아야 한다. 죄가 그 사람을 너무나 깊이 타락시켜서 현재의 인간에게서는 하나님이 본래 의도하셨던 모습을 도저히 찾아볼 수 없다. 우리는 하나님의 목적이 무엇이었는지, 또한 그 목적을 성취하기 위하여 인간에게 어떤 능력이 부여되었는지 알기 위해 인간을 창조하신 하나님의 기록으로 돌아가야 한다.

인간의 운명은 창조 때 하나님이 하신 말씀에 분명하게 드러나 있다. 그 운명이란 바로 이 땅을 가득 채우고 정복하며, 이 땅과 그 위에 있는 모든 것을 다스리는 것이다. 이 세 마디 표현은 하나님의 대리자로서 인간이 이 땅을 다스리도록 의도하셨다는 사실을 보여준다. 하나님이 임명하신 다스리는 자로서 우리 인간은 번성하여 하나님의 땅을 가득 채워야 했다. 하나님이 그분 자신에게 순종하는 것과 마찬가지로 인간은 이 땅에 있는 다른 모든 것을 하나님께 복종시켜야 했다. 이 땅 위에서 이루어지는 모든 것이 인간을 통해 이루어져야 한다는 것이 하나님의 뜻이었다. 다시 말해 이 세상의 역사는 전적으로 인간에게 달려 있었다.

인간은 이런 위치를 차지하고 능력을 발휘해야 할 운명이었다. 이 세상의 통치자가 멀리 떨어져 있는 땅으로 대리자를 파견할 때 그 대리자는 파견된 곳에서 앞으로 펼칠 정책에 관하여 통치자에게 이런저런 조언을 아끼지 않는 것은 당연한 일이다. 그러면 그 통치자는 이 조언에 따라 정책을 결정하고, 그 대표자는 재량껏 결정된 정책을 실행하면서 필요한 모든 수단을 동원하여 제국의 위엄을 지켜나간다. 대리자의 조언이 그다지 적절하지 않다고 생각한다면 통치자는 제국의 정책 방향을 훨씬 더 잘 이해하는 사람으로 대리자를 바꾸게 될 것이다. 그러나 대리자가 신뢰를 얻는 한 그 사람의 조언은 그대로 실행될 것이다.

하나님의 대리자로서 인간은 이 세상을 잘 다스렸어야 했다. 모든 것이 인간의 뜻과 다스림 아래서 이루어졌어야 했다. 인간의 조언과 요청에 따라 하늘에서는 이 땅으로 축복을 내려보냈어야 했다. 인간의 기도는 하늘에 계신 만왕의 왕과 이 땅의 주인이요, 그 왕의 신실한 종인 인간 사이의 소통이 지속적으로 원활하게 유지되도록 돕는 놀라운 통로가 되었어야 했다. 이 세상의 운명은 인간의 소망, 뜻, 기도의 능력에 따라 좌우되는 것이었다.

　인간이 죄를 지음으로써 이 모든 상황이 끔찍하게 돌변하였다. 인간의 타락은 모든 피조 세계를 저주 아래 놓이게 만들었다. 그런데 하나님의 구속하심으로 영광스러운 회복이 시작되었다. 하나님은 아브라함을 통하여 한 민족을 세우셨으며, 그 민족에서 뭇 왕은 물론 한 위대한 왕이 나오게 하셨다. 우리는 아브라함과 하나님의 종들이 올려드리는 기도가 아브라함과 그 종들을 만나는 사람들의 운명에 영향을 미쳤는지 잘 알고 있다. 아브라함의 경우를 통해 어떻게 기도가 자신을 위하여 축복을 얻는 수단일 뿐만 아니라(심지어 매우 중요한 수단일 뿐만 아니라) 인간의 운명과 인간을 다스리는 하나님의 뜻에 영향을 미치는 왕 같은 제사장의 고귀한 권리임을 깨닫게 된다.

　우리는 성경에서 아브라함이 자신을 위하여 기도하는 모습을 한 번도 찾아보지 못했다. 다만 소돔과 롯, 아비멜렉, 이스마엘을 위한 아브라함의 기도는 자기 주변 사람들의 역사를 만들어 가는 능력이 한 인간의 기도에 있음을 증명해준다.

　이것은 태초부터 인간에게 맡겨진 운명이었다. 성경은 우리에게 그 이상을 말하고 있다. 어떻게 하나님이 그와 같은 고귀한 부르심을 인간에게 맡기셨는지 가르쳐준다. 그 이유는 바로 하나님이 자신의 형상에 따라 그분과 닮은 모습으로 인간을 창조하셨기 때문이다. 내적인 자격이나 건강함이 없었다면 인간에게 외적인 책임을 맡기시지 않았을 것이다.

하나님의 형상은 온 땅을 다스리고 다른 모든 것의 주인 노릇을 하는 인간의 본성이나 인간의 내적인 형상 안에 자리 잡고 있다. 하나님과 인간 사이에 존재하는 내적인 일치와 조화, 곧 원초적인 하나님의 형상이 자리 잡고 있다. 그리하여 하나님과 지으신 만물 사이의 중재자 역할을 감당하는 자격을 인간에게 허락하셨다. 인간은 하나님의 뜻을 살피고, 자연의 필요를 대변하고, 하나님의 관대한 선물을 받아서 나눠주는 선지자, 제사장, 그리고 왕이 되어야 했기 때문이다.

인간이 하나님의 다스림을 대신 수행할 수 있었던 것은 하나님의 형상을 간직하고 있었기 때문이다. 인간은 하나님과 너무나 많이 닮아서 하나님의 목적에 적극적으로 참여하고 하나님의 계획을 구체적으로 실행할 수 있었다. 그래서 하나님은 인간에게 세상에서 필요한 것을 요구하고 얻어내는 놀라운 특권을 맡길 수 있으셨다.

비록 죄가 한동안 하나님의 계획을 좌절시키기도 했지만, 기도는 여전히 타락 이전과 같은 역할을 감당하고 있다. 기도는 인간이 하나님의 형상을 닮았다는 증거이고, 우리의 눈에 보이지 않는 무한하신 존재와 소통을 위한 수단이며, 우주의 운명을 움켜쥐고 있는 하나님의 손을 붙잡는 능력이다. 기도는 단지 긍휼을 달라고 애원하는 자의 부르짖음이 아니다. 오히려 인간이 자기 뜻을 가장 고차원적으로 승화시켜서 하나님께 제안하는 과정이다. 인간은 신성한 기원을 가지고 있으며, 왕 같은 재량을 소유한 존재로 창조되었으며, 그런 존재가 될 수 있다는 것도 잘 알고 있다. 또한 영원하신 하나님의 계획을 실행하는 자가 되어야 한다는 사실도 잘 알고 있다.

죄가 파멸시킨 것을 은혜가 회복시켰다. 첫째 아담이 잃어버린 것을 둘째 아담이 되찾아주셨다. 예수 그리스도 안에서 인간은 본연의 위치를 되찾으며, 그리스도 안에 거하는 교회는 다음과 같은 약속을 유업으로 받는다. "너희가 내 안에 거하고 내 말이 너희 안에 거하면 무엇이든지 원하는 대로 구하라. 그리하면 이루리라"(요 15:7).

이 약속은 우리 자신에게 필요한 은혜나 축복을 거론하는 것이 절대 아니다. 이 약속은 우리가 열매 맺는 천국 포도나무의 가지임을 말해준다. 이 포도나무 가지들은 예수님과 마찬가지로 오직 하나님의 일과 영광을 위하여 살아갈 뿐이다. 이 약속은 예수님 안에 거하는 사람들을 위한 것이고, 예수님 안에서 순종하면서 자기를 희생하는 삶을 통해 자아를 버린 사람들을 위한 것이며, 예수님 안에서 자기 생명을 잃었다가 다시 찾은 사람들을 위한 것이다.

그리고 이제는 하나님과 그분의 나라에 대한 관심사를 전적으로 받아들이는 사람들을 위한 것이다. 이러한 사람들은 새로운 창조를 통해 어떻게 원래의 운명으로 돌아오게 되었는지 이해하는 자들이며, 하나님의 형상과 모습을 회복함으로써 온 세상을 다스릴 능력을 소유한 자들이다. 그러한 사람들은 실제로 각자의 영역에서 하늘의 능력을 받아 여기 이 땅 위에서 나눠줄 만한 권세가 있는 자들이다. 원하는 바를 거룩한 담대함으로 아뢸 수 있는 사람들이다. 그 사람들은 하나님의 임재 안에서 제사장으로 살아간다. 다가올 세상의 능력을 소유한 왕이다. 그 사람들은 다음과 같은 약속을 성취하는 자들이다. "너희가 내 안에 거하고 내 말이 너희 안에 거하면 무엇이든지 원하는 대로 구하라. 그리하면 이루리라."

살아계신 하나님의 교회여! 그대의 소명은 그대가 아는 것보다 숭고하고 거룩하다. 하나님의 왕 같은 제사장으로서 그대에게 속한 지체들을 통해 하나님은 온 세상을 다스리기 원하신다. 그대의 기도는 하늘의 축복을 내릴 수도, 막을 수도 있다. 단지 구원받는 데에만 만족하지 않고 전적으로 자신을 포기하는 선택받은 자들을 통해, 심지어 성자 예수님을 통해 하나님 아버지는 이러한 선택받은 사람들 안에서 모든 계획을 성취하실 것이다. 하나님은 밤낮으로 하나님께 부르짖는 자들을 통해 인간의 원래 운명이 얼마나 놀라운 것이었는지를 증명해 보이기 원하신다. 이 땅은 사실상 인간의 손에 맡겨졌다. 인간이 타락할 때 만물이 그와 함께 타락하게 되었다. 그 결과 모든 피조 세계가 다함께 신음하는 가운데 고통 속에서 수고해야 한다(롬 8:22).

 이제 인간은 구속받은 존재이며 원래의 운명을 회복하기 시작하였다. 하나님의 영원하신 목적과 하나님 나라의 도래가 하나님의 백성에게 의존해야 한다는 것, 이것이 바로 하나님의 목적이다. 하나님의 백성은 예수님 안에 거하면서 예수님을 머리로, 대제사장이자 왕으로 기꺼이 받아들일 채비를 끝내고 있다. 이 사람들은 기도를 통해 하나님께 원하는 것을 담대히 요청한다. 하나님의 형상을 간직하고 있는 대리자로서 구속받은 인간은 기도를 통해 이 땅의 역사를 결정할 능력이 있다. 인간은 원래 기도하도록 창조되었으며, 이제 다시 기도하도록 회복되고 있는 중이며, 기도를 통해 온 세상을 다스리는 통치권을 갖게 된다.

The Prayer Best Collection 1

P·A·R·T·4
무엇이든지 가능하게 하는 기도의 능력

01

Only Prayer is Ability _ Part 4

기도는 더 큰일을 행하는 능력이다

내가 진실로 진실로 너희에게 이르노니 나를 믿는 자는 내가 하는 일을 그도 할 것이요, 또한 그보다 큰일도 하리니 이는 내가 아버지께로 감이라. 너희가 내 이름으로 무엇을 구하든지 내가 행하리니 이는 아버지로 하여금 아들로 말미암아 영광을 받으시게 하려 함이라. 내 이름으로 무엇이든지 내게 구하면 내가 행하리라. 요한복음 14:12-14.

제자들에게 산상설교를 하시면서 공생애를 시작한 예수님은 요한복음에서 고별사를 통해 공생애를 마무리하셨다. 두 경우 모두 기도에 관하여 여러 차례 말씀하셨다. 그러나 분명한 차이가 있다. 신상설교는 이제 막 그리스도의 학교에 들어온 제자들을 향하고 있다. 이 제자들은 아직도 하나님이 아버지라는 사실을 거의 깨닫지 못한 상태였으며, 그래서 제자들의 기도는 주로 개인적인 필요를 언급하는 정도였다. 그러나 고별사에서는 이제 훈련시간이 거의 마무리되고 있는 시점이라, 그리스도의 대사로서 그리스도의 자리와 임무를 감당할 채비를 끝낸 제자들에게 말씀하고 계신 것이다.

전자의 경우에 주요 교훈은 어린아이 같은 믿음으로 기도하면서 모든 좋은 것을 주시는 하나님 아버지를 신뢰하라는 것이다. 그러나 여기 고별사에서는 좀 더 고차원적인 것에 초점을 맞추고 있다. 이제 제자들은 예수님의 친구이다. 예수님은 하나님께로부터 들은 모든 것을 알려주셨다. 제자들은 이제 예수님의 계획에 동참하여 이 땅에서 이루어지는 예수님의 일과 나라를 돌보도록 맡겨진 대사였다. 제자들은 이제 밖으로 나가서 예수님의 일을 감당해야 하며, 능력을 힘입어 예수님보다 더 커다란 일을 해내야 한다. 이제 기도는 제자들이 예수님의 일을 행할 때마다 능력을 받는 통로가 되어야 한다. 예수님이 하나님께로 가심으로써 제자들의 일과 기도에는 새로운 신기원이 펼쳐지게 되었다.

이처럼 기도와 일 사이의 연관성이 이번 장의 본문으로 삼고 있는 요한복음 14장에서 뚜렷이 나타난다. 여기 이 세상에서는 예수님의 몸에 붙어 있는 지체로서, 하늘에서 예수님과 하나가 되어야 하는 존재로서 제자들은 이제 주님이 행하셨던 것보다 더 큰일을 해내야 한다. 제자들의 성공과 승리는 주님이 거둔 것보다 더 커다란 것이어야 한다. 주님은 이에 관하여 두 가지 이유를 언급하셨다. 그 하나는 예수님이 하나님께로 나아가 모든 능력을 받을 것이기 때문이고, 다른 하나는 제자들이 예수님의 이름으로 무엇이든지 구하여 받을 줄로 기대할 수 있기 때문이었다. "이는 내가 아버지께로 감이라. 너희가 내 이름으로 무엇을 구하든지 내가 행하리니."

그러므로 예수님이 하나님께로 가시는 것은 두 배의 축복을 가져올 것이다. 곧 제자들이 예수님의 이름으로 무엇이든지 구하면 받을 수 있을 뿐만 아니라 예수님보다 훨씬 더 큰일을 해낼 수 있을 것이기 때문이다. 이처럼 우리 구세주의 고별사에서 기도에 관한 첫 번째 언급은 우리에게 두 가지 중요한 교훈을 가르쳐주신다. 예수님의 일을 하기 원하는 사람은 먼저 예수님의 이름으로 기도해야 한다. 그리고 예수님의 이름으로 기도하기 원하는 사람은 누구나 예수님의 이름으로 일해야 한다는 것이다.

예수님의 일을 하기 원하는 사람은 기도해야 한다. 예수님의 일을 하기 위한 능력은 기도에서 얻는다. 아무리 믿음으로 예수님의 일을 하기 원하는 사람이라도 반드시 예수님의 이름으로 기도해야 한다. 예수님이 여기 이 세상에 계시는 동안에는 가장 위대한 일을 행하셨다. 제자들이 쫓아낼 수 없었던 귀신들을 말씀으로 쫓아내셨다. 예수님이 하나님께로 가신 후로는 더 이상 친히 그런 일을 하실 수 없다. 이제 제자들이 그리스도의 몸이 되었다. 하늘 보좌에 앉아 계시는 동안 그리스도의 일은 모두 제자들을 통하여 여기 이 땅에서 이루어져야 하고 이루어질 수 있다.

이제 예수님이 현장을 떠나시고 대리자를 통해 일하실 수밖에 없기 때문에, 사람들은 주님의 일이 점점 더 위축되고 약해질지도 모른다고 생각했다. 그러나 예수님은 우리에게 정반대의 광경이 펼쳐질 것이라고 확신시켜주셨다. "내가 진실로 진실로 너희에게 이르노니 나를 믿는 자는 내가 하는 일을 그도 할 것이요 또한 그보다 큰일도 하리니 이는 내가 아버지께로 감이라"(요 14:12).

예수님이 당하신 죽음은 죄악의 권세를 무너뜨리는 것이었다. 부활과 함께 영생의 권세가 인간의 육신을 휘어잡게 되었으며, 인간의 생명을 다스리는 권리를 획득하셨다. 예수님은 승천과 함께 제자들에게 성령을 충만하게 부어주실 수 있는 권세를 얻으셨다. 보좌에 앉으신 예수님과 이 세상에 그대로 머물고 있는 제자들 사이의 하나 됨은 너무나 강하고 완전한 것이어서, 예수님은 "또한 그보다 큰일도 하리니 이는 내가 아버지께로 감이라"는 말씀을 문자적인 의미 그대로 선포하셨다.

이 말씀은 참으로 진리였다. 이 땅에서 몸소 수고하셨던 3년 동안 예수님은 겨우 5백 명이 넘는 제자들을 모았으나, 대부분 너무나 무기력하여 예수님의 목적에 별다른 소용이 없었다. 그러나 베드로와 바울 같은 제자들은 예수님이 감당하셨던 것보다 훨씬 더 큰일을 해냈다. 예수님이 이 땅에서는 여전히 할 수 없었던 일들을 하늘 보좌에서는 제자들을 통해 충분히 해내실 수 있었다.

그러나 한 가지 조건이 있었다. "나를 믿는 자는 내가 하는 일을 그도 할 것이요, 또한 그보다 큰일도 하리니 이는 내가 아버지께로 감이라. 너희가 내 이름으로 무엇을 구하든지 내가 행하리니." 예수님은 하나님께로 가서 구함으로써 더 큰일을 위한 새로운 능력을 받아서 이 땅으로 보내실 수 있었던 것이다.

이러한 큰일을 하기 위해서는 두 가지가 필요했다. 아버지께로부터 모든 권능을 받기 위하여 예수님이 아버지께로 가는 것과 예수님께로부터 모든 권능을 받기 위하여 우리가 예수님의 이름으로 기도하는 것이다. 예수님이 하나님께 간구하여 더 큰

일을 해내도록 새롭게 내려주시는 능력을 받아서 우리에게 나눠주신다. 예수님의 이름을 믿고 구할 때 그 능력이 우리에게 임하여 우리를 사로잡게 되고, 결과적으로 우리가 더 큰일을 행할 수 있게 된다.

그러나 유감스럽게도 무수히 많은 하나님의 일이 시도되었지만 더 큰일은 고사하고 예수님이 하신 일만큼이라도 해낼 만한 능력을 찾아볼 수 없으니 이 얼마나 슬픈 일인가! 그 이유는 오직 하나였다. 예수님을 믿는 믿음과 예수님의 이름으로 하는 믿음의 기도가 너무나 부족했기 때문이다. 교회에서, 학교에서, 국내 자선단체나 해외 선교단체에서 일하는 모든 사역자와 지도자들은 이 교훈을 배워야 한다. 예수님의 이름으로 드리는 기도야말로 예수님이 자기 백성들을 위해 하나님께로부터 받은 강한 능력에 동참하는 길이다. 믿는 자들이 더 큰일을 행할 수 있는 길은 오직 이 능력 안에서 뿐이다.

너무 연약하다거나 부적절하다거나 너무 어렵다거나 실패만 거듭한다면서 온갖 불평을 늘어놓는 자들에게 예수님은 이 한 가지 대답을 내놓으셨다. "나를 믿는 자는 내가 하는 일을 그도 할 것이요, 또한 그보다 큰일도 하리니 이는 내가 아버지께로 감이라. 너희가 내 이름으로 무엇을 구하든지 내가 행하리니." 예수님의 일을 하고 싶다면 먼저 전능하신 그분을 믿고 그분과 연합하라. 그런 다음에는 예수님의 이름으로 믿음의 기도를 드려라. 이런 기도가 없다면 우리의 일은 단지 인간적이고 육신적인 것에 지나지 않을 것이다. 그것은 죄를 삼가거나 축복의 길을 예비하는 데에는 약간의 도움이 될지 모르지만, 진정한 능력은 얻지 못한다. 효과적으로 일을 감당하기 위해서는 먼저 효과적으로 기도해야 한다.

두 번째 교훈은 이것이다. 기도하기 원하는 사람은 반드시 예수님의 일을 해야 한다는 것이다. 기도에 그토록 커다란 약속을 주신 것은 예수님의 일을 할 수 있는 능력을 주시기 위함이다. 효과적인 믿음의 기도를 위한 능력은 바로 예수님의 일을 함으로써 얻을 수 있다. 복되신 주님은 이러한 고별사를 통해 여섯 번 이상(요 14:13-14, 15:7,16, 16:23-24)이나 "무엇이든지" "어떤 것이든" "너희가 원하는 대로" "구하라. 그러면 받으리라"는 약속의 말씀을 되풀이하셨다. 그 진정한 의미에 관하여 의문을 갖는 사람들도 있었지만, 많은 성도들은 이 말씀을 읽으면서 기쁨과 소망을 느꼈다. 동시에 이 말씀을 근거로 자신에게 필요한 것을 얻으려고 진지하고 간절하게 노력해 왔지만 아주 실망스러운 상태에 이르게 되었다. 그 이유는 간단하다. 곧 이 약속을 앞뒤 맥락과 분리시켰기 때문이다.

예수님은 그분의 일을 하는 것과 관련하여 하나님의 이름과 더불어 그분의 이름을 자유롭게 사용해도 좋다는 놀라운 약속을 주셨다. 예수님의 일과 나라를 위하여, 그분의 뜻과 영광을 위하여 살아가려고 자기 자신을 내주는 제자는 그 약속을 올바로 실현할 만한 능력을 전수받게 될 것이다. 그러나 자신에게 어떤 특별한 일을 해주기 원할 때에만 그 약속을 붙잡는 사람은 실망하게 될 것이다. 예수님을 자신의 안락함을 위한 종으로 전락시켰기 때문이다. 그러나 예수님의 일을 위해 필요하기 때문에 기도하는 사람은 누구나 능력을 받게 될 것이다. 자신을 주님의 관심사에 내주는 종으로 만들었기 때문이다. 기도는 주님의 일을 하는 사람을 가르치고 강하게 만든다.

이 말씀은 자연 세계와 영적 세계에서 모두 통용되고 완벽한 조화를 이룬다. "내가 너희에게 말하노니 무릇 있는 자는 받겠고 없는 자는 그 있는 것도 빼앗기리라"(눅 19:26). 또한 "지극히 작은 것에 충성된 자는 큰 것에도 충성되고 지극히 작은 것에 불의한 자는 큰 것에도 불의하니라"(눅 16:10). 이미 받은 조그만 은혜를 가지고서라도 주님의 일을 위하여 우리 자신을 내드리도록 하라. 우리에게는 그것이 곧 진정한 기도학교가 될 것이다. 반역하는 백성들을 전적으로 책임져야 했을 때 모세는 하나님께 담대하게 말씀드리고 하나님으로부터 위대한 일을 요청할 필요성과 용기를 느꼈다(출 33:12,15,18). 당신이 하나님의 일을 위하여 하나님께 자신을 온전히 내드릴 때 당신에게 진정으로 필요한 것은 바로 이 위대한 약속이며, 커다란 확신을 갖고 그 약속을 기대해도 좋다.

예수님을 믿는 자들이여! 예수님의 일을 하라. 그대는 예수님보다 더 큰일을 하라는 부르심과 임명을 받았다. 예수님은 당신 안에서, 또 당신을 통해 그 일을 할 수 있는 능력을 받기 위하여 하나님께로 가셨기 때문이다. "너희가 내 이름으로 무엇을 구하든지 내가 행하리니"라는 약속을 명심하라.

당신 자신을 내드려라. 그리고 예수님의 일을 위하여 살아라. 그러면 기도에 놀라운 응답을 받는 법을 배우게 될 것이다. 당신 자신을 내드려라. 그리고 기도하며 살아라. 그러면 당신은 예수님이 하신 일뿐만 아니라 그보다 더 큰일을 행하는 법을 배우게 될 것이다. 예수님을 믿는 믿음으로 충만하여 담대하게 기도하면서 더 큰일을 구하는 제자들을 통해 예수님은 온 세상을 정복하실 수 있다.

02

Only Prayer is Ability _ Part 4

능력 있는 기도는 하나님의 영광을 추구한다

이는 내가 아버지께로 감이라. 너희가 내 이름으로 무엇을 구하든지 내가 행하리니 이는 아버지로 하여금 아들로 말미암아 영광을 받으시게 하려 함이라. 내 이름으로 무엇이든지 내게 구하면 내가 행하리라. 요한복음 14:12-14.

"이는 아버지로 하여금 아들로 말미암아 영광을 받으시게 하려 함이라." 영광 가운데 보좌에 앉아계신 예수님이 그분의 이름으로 우리가 무엇을 구하든지 그대로 행하시겠다는 이유는 바로 이 때문이다. 예수님이 허락하시는 모든 기도 응답은 이것을 목적으로 삼고 있다. 이 목적이 성취될 수 있다는 전망이 없을 때 예수님은 응답하시지 않을 것이다. 이 목적은 예수님도 그러셨던 것처럼 우리의 간구에서도 본질적인 요소가 되어야 한다. 하나님의 영광이 우리 기도의 목표와 목적이요, 근본적인 정신이자 생명력이어야 한다.

이 땅에 계실 때 예수님의 목적은 "나는 스스로 영광을 구하지 않는다. 오히려 나를 보내신 분의 영광을 구한다"는 것이었다. 이 말씀을 통하여 우리는 예수 그리스도의 삶에서 기본 원칙을 발견하게 된다. 대제사장으로서 예수님의 첫 번째 기도는 이렇게 시작되었다. "아버지여, 때가 이르렀사오니 아들을 영화롭게 하사 아들로 아버지를 영화롭게 하게 하옵소서. …아버지께서 내게 하라고 주신 일을 내가 이루어 아버지를 이 세상에서 영화롭게 하였사오니 아버지여 창세 전에 내가 아버지와 함께 가졌던 영화로써 지금도 아버지와 함께 나를 영화롭게 하옵소서"(요 17:1,4-5).

예수님이 하나님께 있는 영광 속으로 들어가게 해달라고 요청하시는 이유는 두 가지이다. 하나는 예수님이 이 땅 위에서 하나님을 영화롭게 했기 때문이며, 다른 하나는 하늘에서도 여전히 하나님을 영화롭게 하기 때문이다. 예수님이 구하시는 것은 오직 하나님 아버지를 더욱 영화롭게 하는 것이다.

바로 이 점에서 우리가 예수님과 일치를 이루어 우리 기도의 주목적을 하나님께 영광 돌리는 것으로 삼아 그분을 기쁘게 할 때 우리의 기도는 반드시 응답받을 것이다. 사랑하는 성자 예수님은 우리가 구하는 것을 이루어주시는 것보다 더 하나님 아버지를 영화롭게 하는 일은 없다고 말씀하셨다. 그러므로 예수님은 이 같은 목적을 확실히 보장하기 위하여 우리의 요구를 들어주실 기회를 결코 놓치지 않으실 것이다. 예수님의 목표를 우리의 목표로 삼아야 한다. 하나님의 영광을 우리가 구하는 것과 예수님이 이루어주시는 것 사이의 연결고리가 되도록 해야 한다. 그런 기도야말로 틀림없이 하나님을 설복시키고 말 것이다.

예수님의 말씀은 실제로 좌우에 날선 어떤 검보다 예리하여 혼과 영을 찔러 쪼개기까지 하며, 마음의 생각과 뜻을 재빨리 간파한다(히 4:12 참고). 예수님이 이 땅에 계실 때의 기도, 하늘에 계시면서 드리는 중보기도, 또 우리의 기도에 응답하시겠다는 약속에서 예수님은 하나님의 영광을 가장 우선적인 목적으로 삼으셨다. 당신도 역시 그렇게 하고 있는가? 또 당신에게 기도하도록 가장 강력하게 촉구하는 동기가 대부분 자기 유익과 자기 뜻은 아닌가? 우리의 기도에 생명을 불어넣는 것은 하나님의 영광을 명확하게 의도적으로 갈망해야 한다. 그와 같은 사실을 제대로 인정하거나 깨닫지 못하고 있지 않은가?

때때로 성도는 하나님의 영광을 갈망한다. 그러나 슬프게도 충분히 갈망하지는 않는다. 성도는 그 이유를 매우 잘 알고 있다. 그것은 바로 일상생활을 영위하는 자세와 기도하는 시간에 보여주는 자세 사이의 괴리감이 너무나 크기 때문이다. 하나님 아버지의 영광에 대한 갈망은 우리가 기도하려고 할 때 억지로 그 마음을 불러일으켜서 예수님께 드릴 수 있는 것이 아니다. 결코 그런 것이 아니다!

어느 한 부분 할 것 없이 삶의 모든 영역을 하나님의 영광을 위하여 바칠 수 있을 때, 우리는 예수님의 영광을 위해서도 역시 기도할 수 있다. "그런즉 너희가 먹든지 마시든지 무엇을 하든지 다 하나님의 영광을 위하여 하라"(고전 10:31). 그리고 "너희가 먹든지 마시든지 무엇을 하든지 다 하나님의 영광을 위하여 구하라." 이 한 쌍의 명령은 서로 떨어질 수 없는 것이다. 앞의 명령에 순종하면 뒤의 명령에 순종할 수 있다. 앞의 명령에 대한 순종은 뒤의 명령에 대한 은혜를 받을 수 있는 비결이다. 예수님이 기도에 응답하시는 전제는 하나님의 영광을 위해 사는 것이다. "하나님 아버지로 하여금 영광을 받으시게 하려 함이라."

하나님을 설복시키는 기도를 드려야 한다는 것은 지극히 당연하고 자연스러운 일이다. 오직 하나님만이 영광을 취하실 수 있는 분이다. 하나님의 영광, 그리고 하나님이 피조물에게 허락하신 영광밖에 다른 어떤 영광도 있을 수 없다. 피조 세계는 하나님의 영광을 드러내기 위해 존재할 뿐이다. 하나님의 영광을 위해 존재하지 않는 모든 것은 죄이자 어둠이요 죽음이다. 피조물은 오직 하나님께 영광을 돌리는 데서만 영광을 찾을 수 있다. 인자가 아버지 하나님께 영광을 돌리기 위해 했던 것, 곧 자신을 전적으로 내드린 것은 모든 구속받은 존재의 당연한 의무에 지나지 않는다. 그러므로 이 의무를 행하는 사람에게는 예수님의 보상도 돌아가게 될 것이다.

예수님이 하나님께 영광을 돌리는 일에 전적으로 자신을 드렸기 때문에 하나님은 영광과 존귀로 예수님께 면류관을 씌워주셨다. 또 예수님이 바라는 것을 요구할 권세와 나라를 손에 쥐어주셔서 중재자로서 우리의 기도에 응답하게 하셨다. 이를 통해 우리는 예수님과 하나가 되고, 우리의 기도가 하나님의 영광을 위해 완전히 순복하는 삶으로 변하게 된다. 예수님은 이 약속의 성취를 통해 우리 안에서 하나님께 영광을 돌릴 수 있게 된다. "내 이름으로 무엇이든지 내게 구하면 내가 행하리라."

하나님의 영광만을 유일한 목표로 삼는 삶은 결코 우리의 노력만으로는 도달할 수 없다. 그런 삶은 오직 예수 그리스도에게서만 발견할 수 있다. 예수님 안에서 그런 삶이 우리를 위하여 드러나게 된다. 그렇다. 하나님을 송축하도록 하라! 예수님의 삶이 우리의 삶이다. 예수님은 우리를 위하여 그분 자신을 내어주셨다. 그래서 이제 예수님 자신이 곧 우리의 생명이자 삶이 되셨다. 우리에게 필요한 것은 하나님의 자리를 대신 차지해버린 우리 자아를 발견하고 고백하고 부인하는 것이다. 우리 자신을 추구하고 자기를 신뢰하는 삶을 발견하고 고백하고 부인하는 것이다. 이것은 우리 자신의 힘으로는 이룰 수 없다.

이 땅 위에서 하나님을 영화롭게 하고 그분과 함께 영광을 받으려면 우리 주 예수 그리스도의 내주하심, 곧 우리 마음속에 예수님의 임재와 통치가 있어야 한다. 그래야 예수님이 우리 안에서 하나님을 영화롭게 할 수 있다. 또한 예수님이 자기 모든 영광을 몰아내는 대신 우리에게 하나님께 영광 돌리는 삶과 성령을 주실 수 있는 것은 예수님 자신이 우리 안에 들어오심을 통해서이다. 우리의 기도를 들으시면서 하나님께 영광을 돌리기를 간절히 원하시는 분, 하나님의 영광을 위해 살고 그 영광을 위해 기도하도록 우리를 가르치시는 분은 바로 예수 그리스도이시다.

그렇다면 이런 일이 우리 안에서 일어나도록 우리의 나태한 마음을 예수님께 굴복시키는 동기와 힘은 무엇인가? 확신하건대 우리에게 필요한 것은 하나님이 영광을 받으시기에 지극히 합당하신 분임을 깨닫는 것이다. 하나님을 송축하고, 오직 하나님께만 나라와 권세와 영광을 돌리며, 항상 하나님의 빛 안에서 살아가도록 우리 자신을 내드리는 법을 배워야 한다. 그러면 우리는 "오직 하나님 한 분에게만 영광을 돌릴지어다"라고 고백할 정도로 감동을 받게 될 것이다.

우리는 오직 하나님의 영광만을 추구하는 삶을 살아가기 위한 새롭고 강한 열망으로 예수님을 바라보게 된다. 넉넉히 응답받을 만큼 충분한 기도가 없을 경우에는 하나님 아버지께서 영광을 받지 못하신다. 우리의 의무는 하나님의 영광을 위해 살아가면서 우리의 기도가 응답받을 수 있도록 기도하는 것이다. 하나님의 영광을 위하여 제대로 기도하는 법을 배우도록 하라.

하나님의 영광을 위하여 부르짖고 싶다는 열망보다 우리 자신의 기쁨이나 쾌락을 추구하려는 욕망이 더 강한 기도를 드리다니, 이 얼마나 비천한 생각이란 말인가! 그러니 응답받지 못하는 기도가 그토록 많은 것도 전혀 이상한 일이 아니다. 그런데 여기에 비밀이 숨어 있다. 하나님께 영광을 돌리는 것이 우리 기도의 궁극적인 목적이 아닐 경우에는 하나님이 영광을 받지 않으신다는 사실이다. 믿음의 기도를 올려드리기 원하는 사람은 문자 그대로 자신의 모든 일을 통해 하나님이 영광을 받으실 수 있도록 살아가야 한다. 이것이야말로 그 사람의 목적이 되어야 한다. 그렇지 않고서는 믿음의 기도가 있을 수 없기 때문이다.

예수님은 이렇게 말씀하셨다. "너희가 서로 영광을 취하고 유일하신 하나님께로부터 오는 영광은 구하지 아니하니 어찌 나를 믿을 수 있느냐?" 자기 영광을 구하면 믿음은 불가능하다. 자기 영광을 포기하고 오직 하나님 한 분만의 영광을 구하는 깊고 강한 자기희생만이 우리의 영혼 안에서 하나님에 대한 영적인 감수성, 신성한 믿음을 일깨워준다. 하나님께 순복하는 삶과 하나님이 우리의 기도를 들으시는 중에 그분의 영광을 보여주시기를 기대하는 것은 둘 다 꼭 필요하다. 오직 하나님의 영광을 구하는 자만이 기도의 응답을 통해 그 영광을 보게 될 것이다.

그렇다면 도대체 어떻게 우리가 그 영광에 이를 수 있을까? 이것이 바로 우리가 던져야 할 질문이다. 사실 우리의 기도는 하나님의 영광을 바라는 열정으로 가득 채워져 있지 않았다. 우리는 오직 하나님과 그분의 영광만을 위하여 성자 예수님을 닮은 모습으로 그리스도와 하나되는 삶을 살지 못했다. 우리는 이 일에 너무나 부족했다. 성령님이 우리에게 이 사실을 보여주실 수 있도록 시간을 내라. 이처럼 진정으로 죄를 자각하고 고백하는 것이야말로 구원에 이르는 가장 확실한 길이다.

그다음에는 예수님을 바라보자. 예수님은 죽음으로써 하나님을 영화롭게 하셨다. 우리가 하나님을 영화롭게 할 수 있는 것은 죽음을 통해서, 곧 자아에 대해서는 죽고 하나님을 향해서는 살아나는 삶이다. 자아에 대해서는 죽고 하나님의 영광을 위해 살아가는 삶이야말로 예수님이 허락하시는 삶이며, 예수님이 자기를 믿는 각 사람 안에서 사시는 삶이다. 예수님처럼 오직 하나님의 영광을 위하여 살아가겠다는 소망과 결단 외에는 아무것도 우리 안에 자리 잡고 있지 않도록 해야 한다. 우리 안에서 일하시는 예수님의 생명과 능력 외에는 아무것도 우리 안에 자리 잡지 않도록 해야 한다. 우리가 하나님의 영광을 위하여 살아갈 수 있다는 즐거운 확신 외에는 아무것도 우리 안에 자리 잡지 않도록 해야 한다. 예수님이 우리 안에 살아계시기 때문이다. 이것들이 우리의 일상을 사로잡는 정신이 되어야 한다.

예수님은 우리가 이런 식으로 살아가도록 도와주신다. 만약 우리가 성령님을 신뢰하기만 한다면, 그리고 성령님이 그렇게 하시도록 한다면 예수님은 성령님을 우리에게 주실 것이며, 성령님은 이런 삶을 체험하도록 하기 위하여 기다리실 것이다. 불신앙으로 이런 삶을 방해하지 않도록 조심하라. 오히려 확신 있게 그런 삶을 우리 삶의 표어로 삼아라. "모든 것을 하나님의 영광을 위하여!" 하나님은 우리의 이런 뜻을 받으실 것이며, 그 희생은 매우 즐거운 일이 될 것이다. 성령님은 우리가 하나님의 영광을 위해 살아가고 있다는 것을 아시고 우리를 인정해주실 것이다.

예수님의 은혜로 말미암아 우리가 구하는 것을 그대로 행하겠다고 약속하시는 분과 완벽한 조화를 이룰 때 우리의 기도에는 참으로 고요한 평화와 능력이 임하게 될 것이다. 예수님은 이렇게 말씀하셨다. "이는 아버지로 하여금 아들로 말미암아 영광을 받으시게 하려 함이라." 우리의 전 존재를 말씀과 성령의 감화에 의도적으로 내어맡길 때 우리의 소망은 이제 더는 우리의 것이 아니라 오직 예수님의 소망이 될 것이며, 그 목적은 하나님의 영광이 될 것이다.

그러면 우리는 점점 더 자유로워져서 이렇게 기도할 수 있을 것이다. "하나님 아버지시여! 당신은 오직 당신의 영광을 위하여 우리가 그렇게 구하고 있다는 사실을 잘 알고 계십니다." 그러면 기도의 응답은 우리가 오를 수 없는 산처럼 보이는 것이 아니라 우리의 기도를 듣고 계신다는 더욱 커다란 확신을 우리에게 가져다줄 것이다. 또한 기도의 특권은 갑절로 소중해질 것이다. 기도의 특권은 하나님 아버지를 영화롭게 하시는 복되신 아들과 완전한 화합으로 우리를 인도하기 때문이다. 그 완전한 화합은 예수님의 다음과 같은 말씀에서 이루어진다. "내 이름으로 무엇을 구하든지 내가 행하리니 이는 아버지로 하여금 아들로 말미암아 영광을 받으시게 하려 함이라."

03
Only Prayer is Ability _ Part 4

완전한 순종은 능력 있는 기도의 원천이다

너희가 내 안에 거하고 내 말이 너희 안에 거하면 무엇이든지 원하는 대로 구하라. 그리하면 이루리라. 요한복음 15:7.

하나님과 우리의 소통 과정에서 약속과 조건은 서로 떨어질 수 없다. 만약 우리가 그 조건을 충족시킨다면 하나님은 그 약속을 성취하실 것이다. 하나님이 우리를 다루시는 방식은 우리가 하나님을 어떻게 대하느냐에 따라 달라진다. "하나님을 가까이하라. 그리하면 너희를 가까이하시리라"(약 4:8).

그러기에 기도에서도 "무엇이든지 원하는 대로 구하라"는 아무런 제한 없는 약속에는 "너희가 내 안에 거하면"이라는 당연하고 자연스러운 조건이 있다. 하나님은 항상 예수님의 이야기를 들으시고 예수님 안에 머물러 계신다. 하나님께 가까이 나아가기 위해서는 우리도 역시 예수님 안에 머물러 있어야 한다. 하나님이 예수님 안에 머물러 계실 때가 우리의 기도를 들으실 수 있는 유일한 때이다. 하나님이 온전히 예수님 안에 머물러 계시기에 우리는 "무엇이든지 원하는 대로 구하는" 권리와 응답의 약속을 누리게 된다.

이 약속과 대다수 성도들의 경험 사이에는 엄청난 불일치가 있다. 끊임없이 기도를 올려드리기는 하지만 응답을 받지 못하는 경우가 얼마나 많은가? 그 원인은 우리가 필요한 조건을 제대로 충족시키지 못하거나 하나님이 약속을 제대로 이행하지 않으시는 것이다. 성도들은 그 어느 쪽도 기꺼이 인정하려 들지 않는다. 그래서 이 딜레마를 해결할 방법을 마련하였다. 성도들은 이 약속에 제한을 가하는 말, 즉 우리 주님께서 거기에 집어넣지 않았던 그럴듯한 원인을 끼워 넣는다. "만약 그것이 하나님의 뜻이라면"이라는 말을 덧붙인다. 그래서 하나님의 신실함은 물론이고 자신의 신실함에도 아무런 문제가 없다고 주장한다.

만약 성도들이 약속을 받아들이고 그 약속을 있는 그대로 붙잡을 수만 있다면, 예수님을 신뢰하는 믿음으로 약속을 충실하게 이행하시는 하나님의 진실성을 충분히 입증하지 않았겠는가? 그랬다면 성령님은 성도들을 인도하여 그 약속이 얼마나 적절한지 밝히 보여주셨을 것이다. 예수님이 말씀하신대로 예수님 안에 머무르지 않는 것이야말로 충분히 응답받지 못하는 이유를 설명해주는 근거이다. 그런데 이때 성령님은 우리 기도의 연약함을 활용하여 오히려 이 약속의 비밀을 깨닫고 예수님 안에 온전히 거하는 축복을 누리는 계기로 만들어주실 것이다.

그리스도인은 예수 그리스도에 대한 은혜와 지식 안에서 자라감에 따라, 하나님의 말씀 역시 더 새롭고 심오한 의미로 다가오는 것을 발견하고 깜짝 놀랄 때가 있다. 그런 그리스도인은 어느 특정한 하나님의 말씀이 자신에게 열리고, 그 말씀 안에서 발견한 축복으로 말미암아 기뻐하던 날을 떠올릴 수 있을 것이다. 훨씬 더 심오한 경험을 통해 그 말씀에 새로운 의미를 부여하게 되었으며, 마치 이전에는 그 말씀에 담긴 함축적인 의미를 전혀 이해하지 못했던 것처럼 느껴지기도 한다.

그런데 다시 한 번 그리스도인의 삶을 통해 점점 자라갈 때 똑같은 말씀이 또다시 그 사람 앞에 커다란 신비로 다가오게 된다. 이런 경험은 성령님이 그 사람을 더욱 깊은 차원으로 인도하여 그 말씀의 충만한 의미를 깨달을 때까지 계속된다.

이처럼 지속적으로 자라가는 가운데 점점 더 심오한 의미로 다가오는 말씀이 바로 "내 안에 거하라"는 예수님의 소중한 말쓸이다. 이 말씀은 우리가 신성한 생명의 충만한 분량에 이르기까지 차근차근 단계적으로 우리를 열어간다. 가지가 포도나무에 계속 붙어 있어야 자랄 수 있듯이 우리도 예수님 안에 머물러 있어야 거룩한 삶이 우리를 점점 더 충만하고 완벽하게 사로잡을 수 있는 삶의 과정으로 나아가게 될 것이다. 어리고 약한 성도는 예수님의 빛 가운데로 나아가 장성한 분량에 이르기까지 예수님 안에 머물러 있을 수 있지만, 주님이 그 말씀에서 의도하신 뜻대로 충만히 거하는 데까지 도달하는 것은 그 성도의 몫이며, 그 말씀과 관련된 모든 약속을 유업으로 물려받는 것도 그 성도의 몫이다.

예수님 안에 머무는 삶으로 자라가는 첫 번째 단계는 바로 믿음의 단계이다. 성도는 온갖 연약함에도 불구하고 "내 안에 거하라"는 명령이 정말로 자신을 향한 것임을 올바로 이해할 때, 자신이 예수님 안에 있음을 충분히 이해할 때 아무리 신실하지 못하고 실패를 거듭하는 상황이라도 예수님 안에 머무는 것이 가장 당면한 의무이며, 얼마든지 도달할 수 있는 축복임을 믿게 된다. 이 단계의 성도는 구세주의 사랑, 능력, 그리고 신실하심에 특별히 사로잡히게 된다. 그 성도는 이제 자신에게 가장 기본적으로 필요한 것이 그런 믿음이라고 느끼게 된다.

머지않아 이 성도는 그 이상의 것이 필요하다고 생각하게 된다. 순종과 믿음이 함께 가야 한다. 단순히 믿음에 순종을 더할 수 있는 것이 아니라 믿음이 순종 안에서 증명되거나 드러나야 한다. 믿음은 순종의 원천이며 주님을 바라보는 것인 반면, 순종은 구체적으로 주님의 뜻을 행하기 위한 믿음의 발현이다. 성도는 "내 안에 거하라"는 명령에 따른 의무와 열매에 마음을 빼앗기기보다는 그 명령의 특권과 축복에 더 마음을 빼앗길 때가 많다. 자신도 모르게 자아와 자기 의지가 우리 안에서 상당히 큰 영향력을 발휘한다. 그러면 어리고 연약한 제자가 믿음을 즐길 수 있는 평화가 자신에게서 떠나간다.

예수님 안에 머무는 삶이 확실하게 유지되는 것은 실제로 순종을 통해서다. "내가 아버지의 계명을 지켜 그의 사랑 안에 거하는 것 같이 너희도 내 계명을 지키면 내 사랑 안에 거하리라"(요 15:10). 머리로 믿은 진리는 예수님과 그분의 약속을 진심으로 의지하기에는 역부족이다. 이 단계에서 주로 노력해야 할 것은 자기 뜻을 주님의 뜻에 완전히 일치시킬 뿐만 아니라 마음과 생명을 완전히 예수님의 지배 아래 두는 것이다.

그러나 거기에는 여전히 부족한 점이 있는 것처럼 보인다. 마음과 뜻이 예수님을 향하고 있으며, 예수님을 사랑하고 순종하는데도 왜 여전히 육체의 본성이 그토록 많은 권세를 발휘하고 있을까? 왜 마음 깊숙한 곳에서 시작되는 자발적인 행동과 감정은 올바른 모습을 보여주지 못하는 것인가? 우리의 의지는 아무 것이나 쉽게 인정하거나 허락하지 않지만, 그 의지의 통제를 뛰어넘는 영역이 존재한다.

이처럼 정죄받아 마땅한 죄는 그다지 적극적으로 저지르지 않는데도 왜 그토록 많은 태만 죄가 횡행하고 있으며, 성결의 미덕이 그토록 결핍되어 있는지, 왜 그토록 사랑의 열정이, 자기를 죽이고 예수님과 그분의 죽음을 닮아가려는 모습이 결핍되어 있단 말인가? 우리 주님이 말씀하신 대로, 왜 그토록 자아가 생명력을 잃게 되고, 그것이 확실히 예수님 안에 거하는 삶을 의미하는 모습을 볼 수 없단 말인가? 이제 예수님 안에 머무는 삶을 통해, 우리 안에 머무시는 예수님으로 말미암아 그 성도는 지금까지 경험해보지 못한 일을 분명히 목격해야 한다.

그렇다. 믿음과 순종은 단지 축복에 이르는 통로일 뿐이다. 예수님은 포도나무와 가지의 비유를 말씀하시기 전에 믿음과 순종의 충만한 축복이 어떤 것인지 매우 분명하게 말씀하셨다. 세 번씩이나 "너희가 나를 사랑한다면 내 계명을 지켜라"고 말씀하셨으며, 이렇게 예수님을 사랑하여 순종하는 사람에게는 세 가지 축복으로 면류관을 씌워주실 것이라고 말씀하셨다. 곧 성령님이 하나님 아버지로부터 임할 것이며, 성자 예수님이 그분 자신을 드러내실 것이며, 하나님 아버지와 성자 예수님이 임하셔서 거처를 마련하실 것이다.

우리의 믿음이 순종으로 자라나 사랑 안에서 예수님께로 나아가 그분께 매달릴 때 우리의 내적 삶이 활짝 열리게 된다. 또한 예수 그리스도와 하나님과 의식적으로 연합함으로써 영광을 받으신 예수님의 생명, 곧 성령님을 받아들이는 능력이 우리 안에서 생겨나게 된다. 그러면 이 말씀이 우리 안에서 성취된다. "그날에는 내가 아버지 안에, 너희가 내 안에, 내가 너희 안에 있는 것을 너희가 알리라"(요 14:20).

두 분이 서로 안에 존재하기 때문에 의지와 사랑 안에서뿐만 아니라 본성과 생명 안에서도 모두 하나이다. 예수님이 하나님 안에, 하나님이 예수님 안에 있는 것처럼 우리 역시 예수님 안에, 예수님 역시 우리 안에 계신다. 그로 말미암아 의지와 사랑에 대해서 뿐만 아니라 생명과 본성에 대해서도 역시 하나가 된다는 사실을 이해할 수 있게 된다.

예수님이 "내 안에 거하라. 그러면 나도 너희 안에 거하겠다. 나 자신과 하나 되는 신성한 삶을 받아들이는 데 동의하고 수락하라. 그렇게 함으로써 내가 아버지 안에 거하는 것과 마찬가지로 너희가 내 안에 거하는 것처럼 나도 역시 너희 안에 거하게 된다. 그리하여 너희 생명이 내 것이 되고, 내 생명은 너희 것이 된다"고 말씀하셨던 것은 예수님이 하나님 안에, 또한 우리가 예수님 안에, 예수님이 우리 안에 계신다는 사실을 성령님을 통하여 우리에게 알리신 이후였다.

이것이 바로 참된 거함이며, 예수님이 오셔서 거할 수 있는 자리를 마련하신 이유이다. 우리가 예수님 안에 충분히 거함으로써 우리의 영혼은 예수님이 우리의 생명이 되신다는 사실을 발견하게 된다. 아무런 근심도 없는 어린아이처럼 우리를 위하여 모든 일을 행하시는 예수님의 사랑을 신뢰하고 순종하는 데서 행복을 찾는 법이다.

이런 식으로 예수님 안에 거하는 사람들에게는 "원하는 대로 구하라"는 약속이 정당한 유업으로 임하게 된다. 다른 방법으로는 도저히 그렇게 될 수 없다. 예수님은 이런 사람들을 완전히 소유하시게 된다. 예수님은 이 사람들의 사랑과 의지와 생명 안에 머물러 계신다. 이 사람들은 자기 의지를 포기했을 뿐만 아니라 예수님이 그 안으로 들어와 머물면서 성령님을 통해 함께 호흡하고 계신다. 이 사람들은 예수님 안에서 기도하고, 예수님은 이 사람들 안에서 기도하고 계신다. 하나님이 예수님의 기도를 항상 들어주시기 때문에 이 사람들이 구하는 것은 그대로 이루어질 것이다.

사랑하는 동료 성도들이여! 예수님이 원하시는 대로 우리가 그분 안에 거하지 않기 때문에 교회가 불신앙, 세속적인 가치,

이단 앞에서 무기력하다는 사실을 솔직히 고백하자. 예수님은 이런 세상의 원수들 앞에서도 얼마든지 교회가 승리할 수 있게 하신다(롬 8:37). 우리는 예수님이 약속하신 바를 진정으로 이루려 하신다는 사실을 믿어야 한다. 그러나 먼저 무기력하다는 사실을 솔직히 고백하는 말 속에 함축되어 있는 내용이 바로 죄임을 인정하는 것이 필요하다.

하지만 용기를 잃지는 마라. 끝까지 포도나무에 붙어 있는 가지는 결코 성장을 멈추지 않도록 지속적으로 생명수를 공급받는다. 주님이 말씀하신 대로 우리의 힘으로 주님 안에 거할 수 있다. 예수님은 살아계셔서 우리에게 그런 능력을 허락하시기 때문이다. 그러므로 우리는 모든 것을 해로 여긴다(빌 3:8)고 말할 준비와 "내가 이미 얻었다 함도 아니요 온전히 이루었다 함도 아니라 오직 내가 그리스도 예수께 잡힌 바 된 그것을 잡으려고 달려가노라. 형제들아 나는 아직 내가 잡은 줄로 여기지 아니하고 오직 한 일 즉 뒤에 있는 것은 잊어버리고 앞에 있는 것을 잡으려고 푯대를 향하여 그리스도 예수 안에서 하나님이 위에서 부르신 부름의 상을 위하여 달려가노라"(빌 3:12-14)고 고백할 수 있도록 준비해야 한다.

예수님 안에 거하는 것에만 마음을 빼앗기지 말고, 그 안에 거함으로써 우리와 연합되시는 예수님께 마음을 쏟아야 한다.

예수님의 순종과 자기 겸손 안에서, 예수님의 높임 받음과 능력 안에서 우리의 영혼이 움직이고 활동하도록 해야 한다. 우리 안에서 그분이 온전한 예수 그리스도가 되게 해야 한다. 그러면 예수님이 친히 우리 안에서 그분의 약속을 이행하실 것이다.

우리가 예수님 안에 충만하게 거하는 가운데 자라감에 따라 우리의 권리, 곧 하나님의 뜻에 참여한 우리의 뜻을 마음껏 발휘하도록 해야 한다. 그 뜻이 명하는 대로 순종하면서 하나님이 약속하신 것을 그 뜻대로 요구하도록 해야 한다. 성령님의 가르침에 자기 자신을 내어놓아야 한다. 성령님은 우리 자신의 성장과 능력에 따라서 우리 각자에게 하나님의 뜻이 무엇인지 보여주시고, 우리가 기도를 통해 하나님의 뜻을 요구할 수 있게 하신다. 또한 예수님이 "너희가 내 안에 거하고 내 말이 너희 안에 거하면 무엇이든지 원하는 대로 구하라. 그리하면 이루리라"고 말씀하셨을 때, 우리에게 허락해 주시는 것을 인격적으로 경험할 때까지 만족하지 말라고 경계심을 불어넣어주신다.

04
Only Prayer is Ability _ Part 4

말씀은 기도의 능력을 배가시킨다

너희가 내 안에 거하고 내 말이 너희 안에 거하면 무엇이든지 원하는 대로 구하라. 그리하면 이루리라. 요한복음 15:7.

말씀과 기도가 반드시 결합되어야 한다는 것은 지극히 단순하고 초보적인 교훈이다. 새롭게 회심한 어떤 사람은 이것을 다음과 같이 표현한다. "나는 기도한다. 곧 우리 아버지께 말씀드린다. 나는 읽는다. 곧 우리 아버지께서 나에게 말씀하신다." 기도에 앞서 하나님의 말씀은 내가 구하기 원하는 것이 무엇인지 계시함으로써 나를 준비시킨다. 기도하는 중에 하나님의 말씀은 내 믿음에 보증과 탄원을 더함으로써 나를 더욱 강하게 만든다. 기도한 이후에 하나님의 말씀은 내가 기도한 것에 대하여 응답을 가져다준다. 왜냐하면 기도를 통해 성령님이 나에게 하나님의 음성을 듣도록 허락하시기 때문이다.

기도는 독백이 아니라 대화이다. 기도의 가장 본질적인 부분은 내 목소리에 응답하시는 하나님의 음성이다. 하나님의 음성에 귀를 기울이는 것은 하나님도 내 목소리에 귀를 기울이신다는 확신에 이르는 비결이다. "네 귀를 기울이고 들어라." "네 귀를 나에게 맡겨라." 그리고 "내 음성을 들어라"는 말씀은 우리 인간이 하나님께 바라는 것일 뿐만 아니라 하나님이 우리 인간에게 권고하시는 요청이다.

하나님이 들으시는 것은 우리의 태도에 따라 달라질 것이다. 내가 하나님의 말씀을 얼마나 기꺼이 받아들이느냐가 내 말이 얼마나 힘 있게 하나님께 올라가는지 헤아릴 수 있는 척도가 된다. 내가 하나님의 말씀을 어떻게 여기느냐가 내가 하나님을 어떤 분으로 여기는지 결정하는 시험대이다. 그에 따라 기도 중에 하나님을 만나고 싶어 하는 내 열망이 얼마나 올바른 것인지를 가늠하게 된다.

예수님이 "너희가 내 안에 거하고 내 말이 너희 안에 거하면 무엇이든지 원하는 대로 구하라. 그리하면 이루리라"고 말씀하신 것은 그분의 말씀과 우리의 기도가 서로 밀접하게 결합되어야 한다는 의미이다. 이 말씀을 대신하는 다른 표현에 주목하면 이 진리가 매우 중요하다는 사실이 분명해진다. 예수님은 "내 안에 거하라. 그러면 나도 너희 안에 거하리라"고 말씀하셨다.

예수님이 우리 안에 거하시는 것은 우리가 그분 안에 거하는 것을 완전하게 하며 영화롭게 한다. 그러나 여기서 "너희는 내 안에 거하라. 그러면 내가 너희 안에 거하겠다"고 말씀하시는 대신, 예수님은 "너희는 내 안에 거하라. 그러면 내 말이 너희 안에 거하리라"고 말씀하신다. 예수님의 말씀이 우리 안에 거하는 것은 예수님 자신이 우리 안에 거하시는 것과 동일하다.

예수님 안에 있는 하나님의 말씀은 우리의 영성생활에, 특히 우리의 기도생활에 놀라운 관점을 제시해준다. 사람은 말을 통해 그 자신을 드러내게 된다. 사람은 약속을 통해 자기 본심을 드러내고 약속을 받아들이는 사람에게 매이게 된다. 사람은 명령을 통해 자기 뜻을 분명히 말함으로써 복종을 요구하며, 사람에게 주인 노릇을 하려고 한다. 마치 그 사람이 자기 수족이나 되는 양 그 사람을 휘어잡고 이용하려 애쓴다.

영과 영은 서로 말을 통해 교통한다. 그리하여 한 사람의 영이 다른 사람의 영에 자기 자신을 전달하게 된다. 어떤 사람이 말로써 다른 사람에게 자기 자신을 나눠준다는 것은 상대방이 자신의 말을 듣고 받아들이며 확실하게 붙잡고 순종한다는 것을 의미한다. 그러나 이 모든 것은 우리 인간에게 굉장히 상대적이고 제한적인 의미에서만 일어날 수 있다.

그러나 하나님은 무한하신 존재이다. 하나님 안에 있는 모든 것이 생명이자 능력이며, 영이자 진리이다. 하나님이 말씀으로 자신을 드러내실 때 이 말씀을 진정으로 받아들이는 자들에게는 하나님의 사랑과 생명, 하나님의 뜻과 능력을 비롯하여 하나님 자신을 베풀어주신다. 하나님은 모든 약속을 통해 우리에게 하나님을 붙잡고 소유할 능력을 주신다. 모든 명령을 통하여 우리에게 하나님의 뜻, 하나님의 거룩하심, 하나님의 온전하심을 나눠주신다. 하나님의 말씀은 우리에게 하나님 자신을 내주신다. 하나님의 말씀은 영원하신 아들 예수 그리스도이시다. 그러므로 예수님의 모든 말씀은 하나님의 말씀이며, 신성한 기운을 북돋우는 생명과 능력으로 충만한 말씀이다. "내가 너희에게 이른 말은 영이요 생명이라"(요 6:63).

지금까지 청각장애인과 언어장애인을 연구한 사람들은 대체로 말하는 능력이 듣는 능력에 달려 있으며, 어린시절에 청력을 잃으면 말하는 능력도 잃는다고 말한다. 이것은 더 넓은 의미에서도 사실이다. 우리는 귀로 듣는 동시에 입으로 말한다. 이것은 하나님과 우리가 서로 소통하는 가장 고차원적인 의미에서도 마찬가지다.

기도를 올려 드리는 것, 곧 어떤 소원을 구체적으로 말하는 것과 어떤 약속에 호소하는 것은 배우기 쉬운 일이다. 인간적인 지혜를 가진 사람에게서도 얼마든지 배울 수 있기 때문이다. 그러나 성령 안에서 기도하는 것, 곧 하나님에게까지 도달하여 하나님의 마음을 움직여서 보이지 않는 세계에 영향력을 미치도록 중보하는 것은 전적으로 하나님의 음성을 듣는 데 달려 있다.

우리는 하나님이 말씀하시는 소리와 언어를 들어야 하며, 하나님의 말씀을 통해 하나님의 생각, 하나님의 마음, 하나님의 생명을 우리의 마음속으로 받아들여야 한다. 그래야 하나님이 들으시는 소리와 언어로 말하는 법을 배우게 된다. 매일 아침마다 새롭게 깨우치는 학습자의 귀는 사람들뿐 아니라 하나님이 들으시는 음성과 언어로 말할 준비를 시켜준다(사 50:4 참조).

이렇게 하나님의 음성을 듣는 것은 하나님의 말씀을 사려 깊게 연구하는 일을 뛰어넘는다. 살아계신 하나님과 실질적인 교제를 나누지 못하는 성경 공부와 성경 지식이 얼마든지 있을 수 있다. 그러나 하나님의 임재 안에서, 성령님의 인도하심 아래서 이루어지는 성경 읽기도 있다. 이 과정에서는 하나님의 말씀이 우리에게 하나님의 살아 있는 능력으로 다가온다. 이것이 바로 하나님의 음성이며, 하나님과 나누는 실질적이고 인격적인 교제이다. 이 하나님의 살아 있는 음성은 우리 마음속으로 들어와 능력을 가져다주고, 이는 다시 하나님의 마음을 움직이는 살아 있는 믿음을 일깨워준다.

순종하는 능력과 믿는 능력은 바로 이처럼 하나님의 음성을 듣는 것에 달려 있다. 중요한 것은 하나님이 우리에게 반드시 해야 한다고 이미 말씀하신 것을 아는 게 아니라 하나님이 지금 우리에게 말씀하시도록 해야 한다는 것이다. 순종을 가능하게 하는 것은 무엇이 옳은지를 말해주는 율법이나 책이나 지식이 아니라 하나님의 인격적인 감화를 통해서이며, 하나님과 나누는 생생하게 살아 있는 교제를 통해서다. 이처럼 기도에서도 믿음을 일깨우고 신뢰를 불러일으키는 것은 단지 하나님이 약속하신 말씀을 아는 지식이 아니라 하나님이 우리 가운데 친히 임재하시는 인격적인 만남을 통해서다. 불순종과 불신앙을 불가능하게 만드는 것은 오직 하나님의 충만한 임재뿐이다.

"너희가 내 안에 거하고 내 말이 너희 안에 거하면 무엇이든지 원하는 대로 구하라. 그리하면 이루리라." 우리는 이것이 무슨 의미인지 잘 알고 있다. 예수님은 이 말씀 안에서 자신을 내주신다. 우리는 우리 안에 이 말씀을 소유하고 있어야 한다. 다시 말해 이 말씀을 우리의 의지와 생명 안으로 받아들여 우리 내면의 본성과 품행으로 되살아나게 해야 한다. 우리는 이 말씀이 우리 안에 거하도록 해야 한다. 우리의 삶은 우리 안에서 우리를 채우고 있는 말씀이 연속적으로 나타나도록 해야 한다. 말씀은 우리 안에서 예수님을 계시해야 하며, 우리의 삶은 예수님을 밖으로 드러내야 한다. 예수님의 말씀이 우리 마음속으로 들어와 우리의 생명에 영향력을 끼치는 것처럼 우리가 간구하는 말도 예수님의 마음속으로 들어가 그분께 영향력을 끼치게 된다.

  내 기도는 내 삶에 달려 있다. 다시 말해 내가 하나님의 말씀을 어떻게 여기는가에 따라 하나님이 내 기도를 어떻게 여기실지가 결정된다. 만약 하나님이 말씀하신 것을 내가 행한다면 하나님도 내가 간구하는 대로 행하실 것이다. 구약시대의 성도들은 하나님의 말씀과 우리가 간구하는 말이 이런 식으로 밀접하게 연관되어 있다는 것을 매우 잘 이해하고 있었다. 실제로 그들의 기도는 하나님이 말씀하신 것을 듣고 사랑스럽게 반응하는 것이었다. 만약 그 말씀이 약속이었다면 그 사람들은 하나님이 말씀하신 대로 행하실 것을 기대했을 것이다. "여호와께서 말씀하신 대로 행하소서." "주님, 여호와께서 그렇게 말씀하셨기 때문입니다." "주의 약속에 따르면." "주의 말씀에 따르면."

  이와 같은 표현을 통해 여호와 하나님이 약속 가운데 말씀하신 것이야말로 옛 성도들의 기도를 붙잡고 있는 근원이자 생명임을 보여주셨다. "이에 아브람이 여호와의 말씀을 따라갔고 롯도 그와 함께 갔으며 아브람이 하란을 떠날 때에 칠십오 세였더라"(창 12:4). 그 사람들의 삶은 하나님과 교제하면서 말과 생각을 서로 교류하는 것이었다. 그 사람들은 하나님이 말씀하신 대로 듣고 행하였다. 또한 하나님은 옛 성도들이 말하는 것을 듣고 그대로 행하셨다. 이처럼 하나님이 우리에게 말씀하시는 모든 말씀을 통하여 예수님은 그 말씀을 성취하기 위해 혼신을 다하신다. 동시에 그 말씀을 지키고 성취하기 위하여 우리 역시 혼신의 힘을 다할 것을 요구하신다.

"내 말이 너희 안에 거하면." 이 조건은 매우 간단하고 명료하다. 예수님은 말씀을 통해 자신의 뜻을 계시하신다. 말씀이 내 안에 거할 때 주님의 뜻이 나를 다스린다. 내 의지는 주님의 뜻을 채우는 빈 그릇이 되며, 주님의 뜻이 다스리는 도구가 된다. 예수님은 나의 내적인 존재를 채우신다. 순종과 믿음을 연습하는 과정에서 내 의지는 점점 더 강해져서, 주님과 점점 더 깊은 내면의 조화로 나아가게 된다. 예수님은 내 의지를 충분히 고려하여 오직 그분이 뜻하는 것만을 바라도록 할 수 있으며, 그리하여 "너희가 내 안에 거하고 내 말이 너희 안에 거하면 무엇이든지 원하는 대로 구하라. 그리하면 이루리라"고 약속하신다. 이 약속을 믿고 그대로 행하는 모든 사람에게 우리 주님은 이 약속을 문자 그대로 이루어주실 것이다.

사랑하는 예수님의 제자들이여! 우리는 응답받지 못하는 기도를 하나님의 지혜와 뜻에 맡긴다고 터무니없는 변명을 해왔지만, 그 실제 이유는 우리의 연약한 기도, 바꾸어 말하면 우리의 연약한 삶 때문이 아닌가? 하나님의 입으로부터 나오는 말씀 이외에는 다른 어떤 것도 인간을 강하게 만들 수 없다. 우리는 그 말씀에 따라 살아가야 한다. 우리를 예수님과 하나 되게 만들어 영적으로 하나님을 감동시키고, 하나님을 단단히 붙잡도록 우리를 준비시키는 것은 예수님의 말씀이다. 우리는 그 말씀 안에서 순종하고 사랑하고 살아가야 한다. 그 말씀이 우리 안에 거하고, 우리의 일부가 되어야 한다. 이 세상에 속한 모든 것은 지나가겠지만 하나님의 뜻을 행하는 자는 영원히 거하게 될 것이다.

예수님이 자기 자신, 곧 인격적으로 살아계신 구세주를 드러내시는 말씀에 우리의 마음과 삶을 온전히 내드려야 한다. 그런 다음에야 예수님의 약속이 우리에게 풍성한 경험으로 자리 잡게 될 것이다. "너희가 내 안에 거하고 내 말이 너희 안에 거하면 무엇이든지 원하는 대로 구하라. 그리하면 이루리라."

05
Only Prayer is Ability _ Part 4

온전한 헌신은 열매 맺는 기도의 열쇠이다

너희가 나를 택한 것이 아니요 내가 너희를 택하여 세웠나니 이는 너희로 가서 열매를 맺게 하고 또 너희 열매가 항상 있게 하여 내 이름으로 아버지께 무엇을 구하든지 다 받게 하려 함이라. 요한복음 15:16.

무엇이든지 구하는 대로 다 주시겠다는 하나님의 약속을 우리 주님은 여기서 다시 한 번 되풀이하고 계신다. 우리 주님은 "너희가 나를 택한 것이 아니요 내가 너희를 택하여 세웠나니 이는 너희로 가서 열매를 맺게 하고 또 너희 열매가 항상 있게 하여 내 이름으로 아버지께 무엇을 구하든지 다 받게 하려 함이라"고 말씀하신다.

이것은 우리 주님이 "내 안에 거하라"(요 15:4)는 말씀에서 이 야기하신 내용을 좀 더 보충하여 설명하신 것이다. 예수님은 "열매"(요 15:2)를 맺고 "더 열매를"(요 15:2) 맺으며 "열매를 많이"(요 15:5,8) 맺는 것을 이처럼 거하는 일의 최종 목적이라고 말씀하셨다. "무릇 열매를 맺는 가지는 더 열매를 맺게 하려 하여 그것을 깨끗하게 하시느니라. …내 안에 거하라. 나도 너희 안에 거하리라. 가지가 포도나무에 붙어 있지 아니하면 스스로 열매를 맺을 수 없음 같이 너희도 내 안에 있지 아니하면 그러하리라. 나는 포도나무요 너희는 가지라. 그가 내 안에, 내가 그 안에 거하면 사람이 열매를 많이 맺나니 나를 떠나서는 너희가 아무것도 할 수 없음이라. …너희가 내 안에 거하고 내 말이 너희 안에 거하면 무엇이든지 원하는 대로 구하라. 그리하면 이루리라. 너희가 열매를 많이 맺으면 내 아버지께서 영광을 받으실 것이요 너희는 내 제자가 되리라"(요 15:2-8).

이렇게 우리가 열매를 맺을 때 하나님이 영광을 받으실 것이며, 제자도의 표지가 드러나게 될 것이다. 지금 예수님이 실제로 거하는 사람들에게는 풍성한 열매가 맺힐 것이며, 이것이 바로 우리가 언제든지 구하는 대로 받을 수 있는 기도의 선결 요건이다. 우리의 부르심을 성취하기 위해 온전히 헌신하는 것은 효과적인 기도를 위한 열쇠이며, 예수님이 약속하신 기도에 관한 놀라운 축복을 무한정 받기 위한 전제조건이다.

이러한 진술은 값없이 베풀어주시는 은혜에 관한 교리와 모순된다고 우려하는 그리스도인들이 있다. 그러나 값없는 은혜를 올바로 이해하기만 한다면 서로 상충되지 않는다. 하나님의 복된 말씀을 보면 이를 잘 알 수 있다. 사도 요한의 말을 한 번 들어보자. "자녀들아 우리가 말과 혀로만 사랑하지 말고 행함과 진실함으로 하자. 이로써 우리가 진리에 속한 줄을 알고 또 우리 마음을 주 앞에서 굳세게 하리니…. 무엇이든지 구하는 바를 그에게서 받나니 이는 우리가 그의 계명을 지키고 그 앞에서 기뻐하시는 것을 행함이라"(요일 3:18-19,22). 또한 우리가 자주 인용하는 사도 야고보의 말을 한 번 살펴보자. "의인의 간구는 역사하는 힘이 크니라"(약 5:16). 성령님이 밝혀주시는 대로 이 말씀을 보면 "의를 행하는 자는 그의 의로우심과 같이 의롭고"(요일 3:7)라고 말할 수 있다.

간구하는 자의 흠 없는 고결함과 의로움에 당당하게 호소하는 수많은 시편을 주의 깊게 살펴보자. 시편 18편에서 다윗은 이렇게 말한다. "여호와께서 내 의를 따라 상 주시며 내 손의 깨끗함을 따라 내게 갚으셨으니"(시 18:20). "또한 나는 그의 앞에 완전하여 나의 죄악에서 스스로 자신을 지켰나니 그러므로 여호와께서 내 의를 따라 갚으시되 그의 목전에서 내 손이 깨끗한 만큼 내게 갚으셨도다"(시 18:23-24).

이 구절들을 신약성경의 관점에서 살펴본다면 예수 그리스도의 고별사에서 명확하게 드러나는 가르침과 완벽하게 조화를 이루고 있다는 사실을 발견하게 된다. "내가 아버지의 계명을 지켜 그의 사랑 안에 거하는 것 같이 너희도 내 계명을 지키면 내 사랑 안에 거하리라"(요 15:10). 그리고 "너희는 내가 명하는 대로 행하면 곧 나의 친구라"(요 15:14). 실로 이 말씀들은 문자 그대로 다음과 같은 의미이다. "내가 너희를 택하여 세웠나니 이는 너희로 가서 열매를 맺게 하고 또 너희 열매가 항상 있게 하여 내 이름으로 아버지께 무엇을 구하든지 다 받게 하려 함이라"(요 15:16).

예수님이 우리에게 가르치시는 것을 이해하려고 노력하라. 우리의 복음주의 신앙은 기도와 믿음을 통하여 얻을 수 있는 체험에 관해 어느 한쪽 측면만 지나치게 강조하는 위험성이 있다. 그러나 하나님의 말씀이 우리에게 아주 강력하게 제시하는 또 다른 측면이 있다. 그것은 축복으로 나아가는 유일한 길로써 순종이라는 측면이다. 여기서 우리가 깨달아야 하는 것은 무한하신 하나님과 우리의 관계 속에서 우리는 자신을 창조하고 구속하신 하나님을 부른다는 사실이다. 스스로에게 동기를 부여해야 할 첫 번째 감정은 하나님의 주권, 하나님의 영광, 하나님의 뜻, 하나님의 기쁨에 순복해야 한다는 것이다. 이것이 바로 우리의 삶에서 가장 우선적이고 고귀한 행동양식으로 자리 잡고 있어야 한다.

문제는 어떻게 하나님의 은혜를 받아 누리느냐가 아니다. 왜냐하면 그런 접근 방식에서는 여전히 주요 관심사가 자기일 수밖에 없기 때문이다. 그러나 만물을 다스리는 이 무한하신 하나님이 당연하고도 정당하게 요구하는 것이며, 이루 다 말로 표현할 수 없을 정도로 무한한 가치를 두는 것은 하나님의 주권, 하나님의 영광, 하나님의 뜻, 하나님의 기쁨이다. 그런즉 하나님의 온전하고 복되신 뜻에 순복하는 것, 곧 섬김과 순종의 삶이야말로 천상의 아름다움이다.

섬김과 순종은 이 땅에 찾아오셨던 예수님의 마음속 가장 깊숙이 자리 잡고 있던 생각들이다. 섬김과 순종은 우리가 바라고 목표하는 것들 중에서 가장 중요한 자리를 차지하고 있어야 하며, 안식, 빛, 기쁨이나 능력, 힘보다 훨씬 더 중요한 목적으로 자리 잡고 있어야 한다. 섬김과 순종을 통해 우리는 훨씬 더 숭고한 축복으로 나아가는 길을 발견하게 된다.

예수님께서 이 점을 얼마나 중요하게 생각하시는지 한 번 주목해보라. 주님은 요한복음 15장에서 주님 안에 거하는 것과 관련된 주제를 다루시면서, 또 요한복음 14장에서 삼위일체 하나님이 우리 안에 거하시는 것에 관하여 말씀하시면서 이 점을 뚜렷이 나타내셨다. "너희가 나를 사랑하면 나의 계명을 지키리라"(요 14:15). 그러면 하나님이 우리에게 성령을 허락해주실 것이다. 그다음 21절에서는 이렇게 말씀하셨다. "나의 계명을 지키는 자라야 나를 사랑하는 자니 나를 사랑하는 자는 내 아버지께 사랑을 받을 것이요 나도 그를 사랑하여 그에게 나를 나타내리라." 그러면 이 사람은 내(예수님) 아버지의 특별한 사랑을 받을 것이며, 나 자신(예수님)의 특별한 현현을 경험하게 될 것이다.

또한 23절은 모든 위대하고 귀중한 약속 가운데 하나이다. "예수께서 대답하여 이르시되 사람이 나를 사랑하면 내 말을 지키리니 내 아버지께서 그를 사랑하실 것이요 우리가 그에게 가서 거처를 그와 함께하리라." 순종이야말로 우리 안에 성령님이 내주하시고, 바로 그 성령님이 우리 안에 아들을 계시하시고, 하나님의 거처가 되도록 성령님이 우리를 준비시키기 위한 지름길이라는 사실을 이러한 말씀들보다 더 명료하게 가르쳐줄 수 있는 말씀이 어디에 있겠는가? 우리 안에 삼위일체 하나님이 거하시는 것은 순종하는 사람들에게 허락하시는 엄청난 유산이다.

순종과 믿음은 단지 하나님과 하나님의 뜻에 순복하는 행위를 구성하는 양 측면이다. 믿음이 순종을 강화하고 믿음은 순종으로 말미암아 강화된다. 또한 믿음은 행위로 완전해진다. 우리는 더욱 커다란 믿음에 도달하려고 열심히 노력하지만 성공을 거두지 못한다. 그 이유는 커다란 믿음에 도달할 수 있고, 커다란 믿음에 도달하게 만드는 자세, 즉 다시 말해 하나님의 영광과 뜻에 전적으로 순복하는 자세를 취하지 않기 때문이다. 하나님과 그분의 뜻에 전적으로 자기 자신을 헌신하는 사람은 바로 그 하나님이 자기 자신을 위하여 약속하신 모든 것을 요구할 권리를 얻는다.

이 원리를 기도학교에서 적용하는 것은 굉장히 간단하면서도 매우 중대한 일이다. "너희가 열매를 많이 맺으면 내 아버지께서 영광을 받으실 것이요 너희는 내 제자가 되리라. 아버지께서 나를 사랑하신 것 같이 나도 너희를 사랑하였으니 나의 사랑 안에 거하라. 내가 아버지의 계명을 지켜 그의 사랑 안에 거하는 것 같이 너희도 내 계명을 지키면 내 사랑 안에 거하리라. …너희가 나를 택한 것이 아니요 내가 너희를 택하여 세웠나니 이는 너희로 가서 열매를 맺게 하고 또 너희 열매가 항상 있게 하여 내 이름으로 아버지께 무엇을 구하든지 다 받게 하려 함이라"(요 15:8-10,16).

기도로 열매를 맺기 위하여 열심히 애써왔지만, 그럼에도 응답이 이루어지지 않는 이유를 몰라 얼마나 자주 의아하게 생각했는지 모른다. 그러나 그 이유는 우리가 주님의 명령을 따르지 않고 거역했기 때문이다. 우리는 먼저 위로와 기쁨과 능력을 받고 싶어 했다. 그리하여 별다른 고난을 받거나 자기희생을 하지 않고 안이하게 대응했다. 그러나 예수님은 우리에게 믿음을 원하셨다. 주님이 말씀하신 것들을 그대로 행하기 위해 믿음의 순종으로 나아오기를 원하셨다. 우리가 연약하다고 느끼는지 혹은 강하다고 느끼는지, 또는 그 일이 어려운지 쉬운지의 여부를 떠나 단지 믿음으로 순종하기를 원하셨다.

순종은 하나님의 영광으로 인도하는 유일한 길이다. 믿음을 대신한 순종도 아니며, 믿음의 부족함을 극복하기 위한 순종도 아니다. 믿음의 순종은 하나님이 우리를 위하여 예비하신 모든 축복으로 나아갈 수 있게 한다. 요한복음에서 이야기하는 성령세례(요 14:16), 성자 예수님의 현현(요 14:21), 하나님 아버지의 내주하심(요 14:23), 예수님의 사랑 안에 거하는 일(요 15:10), 예수님의 거룩한 우정을 누리는 특권(요 15:14), 그리고 효과적인 기도의 능력(요 15:16), 이 모든 것이 순종하는 자를 기다리고 있다.

지금까지 우리가 무슨 교훈을 얻었는지 한 번 곰곰이 생각해 보라. 이제 우리는 성공적으로 기도할 수 있는 믿음의 능력을 소유하지 못했던 이유를 알게 되었다. 우리의 삶은 올바른 모습이 아니었다. 단순하고 절대적인 순종과 예수님 안에 거하면서 많은 열매를 맺는 것이 과거에는 우리 삶의 목적이 아니었다. 그런데 이제 우리는 온 마음을 다해 하나님의 명령을 받아들이게 된다. 다시 말해 하나님이 세상을 다스리는 능력을 성도들에게 주셨다.

하나님은 그 성도들의 요구에 따라 행하신다. 그 성도들은 자신이 품은 뜻을 통해 하나님의 뜻이 이루어지는 길을 알게 된다. 그 성도들은 스스로 순종하는 법을 배웠다. 그 성도들이 하나님의 권위에 충성하고 순복하였음은 의심의 여지가 없다. 순종과 열매 맺는 삶이 효과적인 기도로 나아가는 지름길임을 인정한다면, 우리는 또한 자기 삶이 이 길에서 너무나 멀리 벗어나 있다는 것을 부끄러운 마음으로 인정할 수밖에 없다.

우리 주님이 우리에게 내리신 명령을 있는 그대로 취하도록 우리 자신을 순복시켜라. 주님으로서 그분이 우리와 맺고 있는 관계를 더욱 깊이 공부하라. 이제 더는 날마다 우리 자신의 안락이나 기쁨, 축복만을 생각하려고 애쓰지 마라. 우리가 가장 먼저 품어야 할 생각은 내가 주님께 속해 있다는 것이다. 날마다, 매 순간마다, 나는 주님의 소유로서, 그분의 일부로서, 오직 그분의 뜻을 알고 행하기 위하여 애쓰는 자로서 행동해야 한다.

예수 그리스도의 종이요 머슴으로서, 이것이 우리의 정신으로 자리 잡도록 노력해야 한다. 예수님이 "이제부터는 너희를 종이라 하지 아니하리니 종은 주인이 하는 것을 알지 못함이라. 너희를 친구라 하였노니 내가 내 아버지께 들은 것을 다 너희에게 알게 하였음이라"(요 15:15)고 말씀하신다면 "너희는 내가 명하는 대로 행하면 곧 나의 친구"(요 15:14)이기 때문에 친구의 자리를 순순히 받아들여야 한다.

예수님의 가지인 우리에게 주님이 명하시는 오직 한 가지 일은 열매를 맺으라는 것이다. 그러므로 우리는 다른 사람들을 축복하기 위해, 예수님 안에 있는 생명과 사랑을 입증하기 위해 살아야 한다. 예수님이 우리를 택하고 명하시는 목적, 곧 열매 맺는 삶에 믿음과 순종으로 모든 생명을 바쳐야 한다. 이 일을 위해 예수님이 우리를 택하셨다는 사실을 생각하며 주님이 맡기신 사명을 받아들여야 한다.

예수님은 우리가 요구하는 모든 것을 항상 우리에게 허락하시는 분이다. 예수님이 말씀하시는 온갖 약속들을 있는 그대로 취할 때 우리는 풍성한 삶, 예수님 안에 거하는 삶에 도달할 수 있다. 우리는 이러한 확신을 점점 더 강하게 가질 수 있다. 오직 열매 맺는 삶만이 모두를 효과적으로 설복시키는 기도의 자리로 나아가는 지름길이 되는 이유를 이해하게 될 것이다. 예수님께 순종하는 삶을 통해 예수님이 뜻하시는 것을 행하고 있다는 사실을 증명하는 사람은 무엇을 구하든지 다 그대로 하나님께 받을 것이기 때문이다. "무엇이든지 구하는 바를 그에게서 받나니 이는 우리가 그의 계명을 지키고 그 앞에서 기뻐하시는 것을 행함이라"(요일 3:22).

The Prayer Best Collection 1

P·A·R·T·5

기도에 능력을 더하는 영적 원동력

01
Only Prayer is Ability _ Part 5

탄식으로 돌보시는 성령님을 의지하라

사랑하는 자들아 너희는 너희의 지극히 거룩한 믿음 위에 자신을 세우며 성령으로 기도하며 하나님의 사랑 안에서 자신을 지키며 영생에 이르도록 우리 주 예수 그리스도의 긍휼을 기다리라. 유다서 1:20-21.

어린 자녀들에게, 젊은이들에게, 아버지들에게 전하는 요한의 말씀(요일 2:12-14)은 흔히 그리스도인의 삶에서 세 가지 커다란 체험의 단계가 있다는 것을 암시한다. 첫째, 용서에 대한 확신과 기쁨으로 가득한 어린아이의 단계이다. 둘째, 지식과 능력이 자라가면서 갈등과 성장이 교차하는 과도기 단계이다. 이

때는 신체적으로 강건해지는 청년의 시기에 비유할 수 있다. 하나님의 말씀이 청년기의 그리스도인 안에서 효력을 발휘하여 악한 자들과 맞서 승리를 거두는 시기이다. 끝으로 성숙과 완성의 마지막 단계이다. 이 단계는 영원한 존재에 대한 지식과 교제 깊숙이 들어가는 아버지의 단계이다.

기도에 관한 예수님의 가르침에서도 이와 유사한 기도생활의 3단계가 명확하게 나타난다. 산상수훈에서는 초기 단계를 묘사하고 있다. 예수님의 모든 가르침은 하나님 아버지라는 한마디로 집약된다. "너희 하늘 아버지께 기도하라. 이는 하늘에 계신 너희 아버지께서 보고 듣고 알고 계시며 응답하실 것이기 때문이다. 이 세상에 있는 아버지도 그렇게 하는데, 하물며 하늘에 계신 우리 아버지께서는 얼마나 더 세심하게 우리의 필요를 돌보시겠는가! 오직 어린아이처럼 그분을 신뢰하기만 하라."

다음으로 갈등과 정복의 과도기 단계가 이어진다. 이와 같은 말씀에 담겨 있는 교훈은 바로 이것이다. "기도 외에 다른 것으로는 이런 종류가 나갈 수 없느니라"(막 9:29). 그리고 "하물며 하나님께서 그 밤낮 부르짖는 택하신 자들의 원한을 풀어주지 아니하시겠느냐. 그들에게 오래 참으시겠느냐"(눅 18:7)는 것이다.

마지막으로 우리는 고별사를 통해 더 높은 단계로 나아가게 된다. 어린아이가 이제 다 큰 어른이 되었다. 이제 이 단계에 속한 사람들은 주님의 친구이며, 흉허물 없는 사이로 발전하여 주님이 이렇게 말씀하신다. "이제부터는 너희를 종이라 하지 아니하리니 종은 주인이 하는 것을 알지 못함이라. 너희를 친구라 하였노니 내가 내 아버지께 들은 것을 다 너희에게 알게 하였음이라"(요 15:15). 또한 "무엇이든지 너희가 원하는 대로"라는 말씀을 되풀이하시면서 하나님 나라의 열쇠를 넘겨주셨다. 이제 마침내 예수님의 이름으로 올려드리는 기도의 능력을 입증할 때가 찾아온 것이다.

지금까지 계속해서 묵상해온 말씀들을 통해 예수님이 마지막 단계와 이전의 예비 단계들 사이의 차이를 아주 명확하게 드러내셨다. 곧 "지금까지는 너희가 내 이름으로 아무것도 구하지 아니하였으나"와 "그날에 너희가 내 이름으로 구할 것이요"라는 말씀을 서로 비교해보라. 우리는 "그날에"가 무슨 의미인지를 잘 알고 있다. 바로 성령님이 강림하시는 날이다. 예수님이 십자가 위에서 행하셔야 했던 위대한 일, 곧 예수님의 부활과 승천으로 현현된 강력한 능력과 완전한 승리가 모두 허락되어 이전에는 한 번도 없었던 하나님의 영광이 하늘로부터 내려오게 되었다. 예수님이 보내신 성령님이 임하셔서 예수님의 제자들에게 생명을 불어넣으셨다. 성령님이 임하셨다는 놀랍고 새로운 표지는 그때까지 몰랐던 기도의 능력이었다. 예수님의 이름으로 드리는 기도, 무엇이든지 원하는 대로 구하고 받는 기도는 성령님이 내주하신다는 생생한 증거이다.

성령님의 임하심이 기도의 세계에 신기원을 열었다. 이것을 이해하기 위해서는 성령님이 누구신지, 무슨 일을 하시는지, 예수님이 영광을 받으실 때까지는 왜 임하지 않으셨는지 아는 것이 중요하다. 하나님은 영이시기 때문에 성령 안에 존재하신다. 아들 예수님이 하나님 아버지에게서 나신 것도 바로 성령을 통해서다. 아버지와 아들이 하나인 것도 바로 성령의 교제 안에서다. 하나님 아버지의 특권은 아들 예수님께 결코 중단 없이 영원히 베푸시는 것이다. 아들 예수님의 권리이자 축복은 영원히 구하고 받는 것이다. 이와 같은 생명과 사랑의 연합이 현현되는 것도 역시 성령님을 통해서다. 이것은 영원 전부터 영원까지 그러했으며, 계속해서 그럴 것이다. 중보자이신 예수님이 기도하기 위해 항상 살아계시는 지금은 특히 더욱 그렇다.

예수님이 중재자로서 하나님과 사람을 화해시키기 위하여 이 땅에서 시작하신 위대한 일을 하늘에서도 계속하신다. 이 과업을 완수하기 위하여 주님은 하나님의 공의와 우리 죄악 사이의 갈등을 친히 감당하셨다. 십자가에서 예수님은 그와 같은 갈등을 단번에 모두 끝내버리셨다. 그런 다음에는 하늘로 올라가셨으며, 거기에서도 각 영혼을 구원하시는 일을 계속하시면서 자신이 이루신 승리를 각 지체들 안에서 드러내신다. 예수님이 항상 살아계셔서 기도하시는 이유는 바로 이 일을 실행하기 위한 것이다. 예수님은 끊임없는 중보기도를 통해 구속받은 자들의 끊임없는 기도와 살아 있는 교제 가운데 자기 자신을 내주신다. 다시 말해 예수님의 끊임없는 중보기도가 구원받은 자들의 기도에 나타나서 그 사람들이 이전에는 전혀 경험하지 못한 능력을 베푸신다.

우리 주님은 거룩한 성령님을 통해 이런 일을 하신다. 거룩한 성령님, 곧 영광을 받으신 예수님의 성령님은 우리 주님이 영광을 받으실 때까지는 우리와 함께하지 않으셨으며, 우리에게 나타날 수도 없으셨다(요 7:39). 하나님의 이 선물은 구약시대 성도들이 알고 있던 것과는 완전히 다르고 새로운 것이었다. 예수님이 휘장을 찢고 하늘로 올라가셨을 때 그 보혈이 하늘에서 이루신 일은 너무나 진실하고 새로운 것이었다. 예수님의 부활과 영광에 참여하는 가운데 우리 본성의 구속은 너무나 강력한 현실이었다. 삼위일체 하나님의 생명을 통하여 예수님 안에서 우리 인간을 받아들이신 것은 감히 상상할 수조차 없는 소중한 의미를 내포하고 있는 사건이었다. 그것은 우리 마음속에 예수님이 성취하신 일을 증거하기 위하여 예수님의 숭고한 인성을 뛰어넘어 임하셔야 했던 성령님이, 이제 더는 구약시대의 모습으로만 존재할 수 없게 만든 사건이었다.

"예수께서 아직 영광을 받지 않으셨으므로 성령이 아직 그들에게 계시지 아니하시더라"(요 7:39)는 말씀은 문자 그대로 사실이었다. 성령님은 예수님이 성취하신 것을 우리 마음속에 증거하기 위하여 예수님이 하늘로 올라가신 이후에 임하셨다. 예수님이 인간으로 이 땅에 내려오셨다가 이전에는 없던 능력을 가지고 하늘로 올라가신 것처럼 성령님도 이전에 없던 새 생명을 가지고 우리에게 임하셨다. 성령님은 영광을 받으신 예수님의 영으로서 새 생명을 가지고 우리에게 임하셨다. 구약시대에 성령님은 하나님의 영으로 활동하셨지만 오순절에는 영광받으신 예수님의 영으로 내려오셔서 성취된 구속의 온전한 열매와 능력을 우리에게 나눠주셨다.

예수님의 구속이 지속적으로 효력을 나타내고 적용될 수 있는 것은 바로 예수님의 끊임없는 중보 덕분이다. 예수님이 항상 하늘로 올려드리는 기도의 거대한 흐름 속으로 우리를 끌어들이시는 것도 예수님으로부터 우리에게 내려오신 거룩한 성령님을 통해서다. 그 성령님은 아무 말 없이도 우리를 위하여 기도하고 계신다. 우리의 마음속 깊은 곳에서, 심지어 생각조차도 아직 별다른 모양새를 갖추고 있지 않은 곳에서 바로 그 성령님은 삼위일체 하나님의 생명력이 놀랍게 흘러가는 쪽으로 우리를 끌어들이신다. 성령님을 통하여 예수님의 기도는 우리의 기도가 되며, 우리의 기도는 예수님의 기도가 된다. 우리는 무엇이든지 원하는 대로 구하며, 구한 것을 그대로 받게 된다. 바로 이때 우리는 "지금까지는 너희가 내 이름으로 아무것도 구하지 아니하였으나 구하라. 그리하면 받으리니 너희 기쁨이 충만하리라. …그날에 너희가 내 이름으로 구할 것이요"라는 말씀을 경험으로 이해하게 된다.

형제자매들이여, 그리스도의 이름으로 기도해야 한다는 것, 구한 것을 받음으로써 우리의 기쁨이 충만해진다는 것이 바로 이와 같은 성령님의 세례이다. 이 성령님은 구약시대에 활동하시던 하나님의 영을 훨씬 넘어선다. 이 성령님은 오순절 이전에 제자들을 회심과 중생으로 이끄셨던 영을 훨씬 뛰어넘는다. 이 성령님은 예수님의 감화력과 일하심의 영을 훨씬 초월하신다. 이 성령님은 거룩한 영이시며, 찬양과 능력 가운데 영광받으신 예수님의 영이시며, 내주하시는 예수님의 영으로서 우리 위에 임하셔서, 우리 안에서 아들 예수님과 아버지 하나님을 계시하시는 분이다. 다시 말해 승천하셔서 영광을 받으신 예수님의 영이시다.

이 성령님은 단지 기도하는 시간만의 영이 아니다. 오히려 우리의 모든 인생과 일상생활의 영이셔야 한다. 이 성령님은 예수님의 일하심이 얼마나 완전한지를 계시하고, 우리를 그분과 완전히 하나 되게 하며, 그분의 형상을 닮게 함으로 우리 안에서 예수님을 영화롭게 하시는 영이셔야 한다. 그럴 때라야 우리는 예수님의 이름으로 하나님께 직접 고할 수 있다. 우리는 그와 같은 과정을 통해 성령님과 하나가 되기 때문이다.

예수님이 "내가 너희를 위하여 아버지께 구하겠다 하는 말이 아니니"라고 말씀하셨다. 그 아버지께 즉각적으로 나아갈 수 있게 되는 것은 바로 그때이다. 이 영광받으신 분의 성령님으로 충만해지는 것이야말로 하나님의 백성들에게 유일하게 필요한 한 가지임을 이해하고 믿도록 하라! 오직 그럴 때라야 비로소 우리는 "모든 기도와 간구를 하되 항상 성령 안에서 기도하고 이를 위하여 깨어 구하기를 항상 힘쓰며 여러 성도를 위하여 구하라"(엡 6:18)는 말씀과 "사랑하는 자들아 너희는 너희의 지극히 거룩한 믿음 위에 자신을 세우며 성령으로 기도하며 하나님의 사랑 안에서 자신을 지키며 영생에 이르도록 우리 주 예수 그리스도의 긍휼을 기다리라"(유 1:20-21)는 말씀이 무슨 뜻인지를 깨닫게 될 것이다.

그러므로 다시 한 번 이와 같은 교훈을 찬찬히 묵상해보라. 우리의 기도가 얼마나 유익을 끼치느냐는 우리가 어떤 존재이며 우리의 삶이 어떤 모습인지에 따라 달라진다. 예수님의 이름으로 기도하는 비결은 예수님의 이름으로 살아가는 것이며, 성령으로 기도하기 위해서는 성령으로 살아가야 한다. 우리에게 무엇이든지 원하는 대로 구할 수 있는 권리와 능력을 부여하는 것은 예수님 안에 거하는 삶이다. 예수님 안에 거하는 정도에 정확히 비례하여 기도의 능력을 받는 분량이 결정된다.

우리 안에 내주하시는 성령님은 항상 말과 생각으로 기도하는 것이 아니라 말보다 훨씬 더 깊은 탄식과 숨결로 기도하신다. 오직 우리 안에 예수님의 영이 계시는 분량만큼 우리 안에 참된 기도가 존재하게 된다. 우리의 삶이 예수님과 예수님의 영으로 충만하게 하라. 그럴 때라야 비로소 우리의 기도에 대한 놀랍고도 한없는 약속들이 더는 어색해 보이지 않게 될 것이다.

02

Only Prayer is Ability _ Part 5

중보자 예수님처럼 자신을 내려놓으라

이르시되 아빠 아버지여 아버지께는 모든 것이 가능하오니 이 잔을 내게서 옮기시옵소서. 그러나 나의 원대로 마시옵고 아버지의 원대로 하옵소서. 마가복음 14:36.

단 몇 시간 사이에 이 얼마나 놀라운 대조란 말인가! "예수께서 이 말씀을 하시고 눈을 들어 하늘을 우러러 이르시되 아버지여, 때가 이르렀사오니 아들을 영화롭게 하사 아들로 아버지를 영화롭게 하게 하옵소서. …아버지여, 내게 주신 자도 나 있는 곳에 나와 함께 있어 아버지께서 창세 전부터 나를 사랑하시므로 내게 주신 나의 영광을 그들로 보게 하시기를 원하옵나이다"

(요 17:1,24)라고 조용히 기도하던 상태에서 "아빠 아버지여, 아버지께서는 모든 것이 가능하오니 이 잔을 내게서 옮기시옵소서. 그러나 나의 원대로 마시옵고 아버지의 원대로 하옵소서"라고 고뇌하는 가운데 울부짖는 상태가 되다니, 이 얼마나 놀라운 변화란 말인가!

이 기도에서 우리는 한편으로는 휘장 안에서 매우 강력한 중보기도를 올려드리는 대제사장을 바라보고, 다른 한편으로는 찢어진 휘장 사이로 길을 열어놓으신 제단 위의 희생제물을 보게 된다. "아버지여, 내가 원하옵나니"(요 17:24)라는 대제사장의 기도가 시간이 흐름에 따라 "아버지여, 내 뜻대로 하지 마옵시고"라는 희생제물의 기도로 나아가고 있다. 그러나 이것은 단지 희생제물로 드려지면 중보기도가 어떤 모습으로 바뀌는지를 미리 보여주기 위한 것일 뿐이다.

실제로 "아버지여, 내가 원하옵나니"라고 보좌 앞에서 담대하게 토로했던 기도의 근원과 능력은 제단 위에서 "아버지여, 내 뜻대로 하지 마옵시고"라고 기도하기 위한 것이었다. 보좌 위에 계신 대제사장이 겟세마네 동산에서 자신의 뜻을 완전히 굴복시킴으로써 자기가 원하는 대로 구하는 능력과 이 능력을 자기 백성들에게도 역시 나눠주어 그 사람들이 원하는 대로 구하도록 하는 권리를 갖게 하셨다.

이 겟세마네의 교훈은 예수님의 기도학교에서 기도하는 법을 배우는 모든 사람에게 가장 신성하고 소중한 교훈이다. 피상적인 학자에게는 이 교훈이 오히려 믿음으로 기도할 수 있는 용기를 빼앗아가는 것처럼 보일지도 모른다. 아들의 간절한 기도조차 귀 기울여 듣지 않으신다면, 심지어 사랑하는 아들조차도 "아버지여, 내 뜻대로 하지 마옵시고"라고 절규해야 했다면, 하물며 우리는 얼마나 더 많이 그렇게 부르짖어야 하겠는가! 이렇게 반문한다. 주님이 십자가 위에서 돌아가시기 단 몇 시간 전에 "무엇이든지 너희가 구하는 대로"와 "무엇이든지 너희가 원하는 대로"라고 말씀하신 약속이 문자 그대로 의미할 수 없는 것처럼 보이기도 한다.

겟세마네의 기도에 담긴 의미를 좀 더 깊이 통찰해 본다면 지금 여기 있는 우리에게 기도 응답에 대한 확신으로 나아가는 길이 활짝 열려 있다는 사실을 깨닫게 될 것이다. 커다란 울부짖음과 눈물로 기도와 간구를 올려드리는 하나님의 아들을, 그럼에도 그분이 구한 것을 얻지 못한 이 특이한 상황을 경이와 찬탄의 눈으로 바라보자. 그분은 우리의 스승이시며, 이와 같은 놀라운 기도에 밝히 드러난 것처럼 그분이 바로 지성소에서 자신을 희생제물로 드리는 행위에 관한 신비를 우리에게 활짝 열어주실 것이다.

이 기도를 이해하기 위해서는, 우리 주님이 십자가에 달리시기 바로 직전 왕 같은 대제사장으로서 기도하신 내용과 여기서 매우 연약한 모습으로 기도하고 계신 내용 사이의 엄청난 차이점에 주목해야 한다. 앞선 기도에서 우리 주님은 기도하면서 하나님 아버지께 영광을 돌리는 동시에, 아버지께서 주신 약속의 명백한 성취로서 주님 자신과 주님의 백성들에게 영광을 돌리고 계셨다. 예수님은 하나님 아버지의 말씀과 뜻에 부합한다고 생각하고 있는 것을 간구하셨다. 그래서 담대하게 "아버지여, 내가 원하옵나니"라고 말씀하실 수 있었다.

반면 여기 겟세마네의 기도는 아버지의 뜻을 아직 명백하게 알지 못하는 상태에서 기도하고 계신 것이다. 주님이 알고 있는 한, 그 잔을 마셔야 한다는 것이 하나님 아버지의 뜻이셨다. 우리 주님은 자신이 마셔야 하는 잔에 관하여 제자들에게 말씀하신 적이 있었다. 그런데 겟세마네에서의 기도가 있은 지 얼마 지나지 않아 다시 이렇게 말씀하셨다. "아버지께서 나에게 주신 이 잔을 내가 어찌 마시지 않겠느냐"(요 18:11 참조).

예수님이 이 땅에 오신 것은 바로 이 잔을 마시기 위함이었다. 그러나 어둠의 권세가 주님을 엄습해 올 때 주님은 형언할 수 없는 영혼의 고통 속에서, 죄를 향한 하나님의 진노하심 때문에 죽음의 쓴 잔을 한 방울 맛보기 시작하셨다. 우리 주님의 인간적인 본성은 저주를 받게 된 끔찍한 현실 속에 빠져든 상태에 대해 몸서리치게 되었다. 그 잔을 마시지 않더라도 하나님의 목적이 성취될 수 있다면 이 끔찍한 잔을 마시지 않을 수 있도록 해달라고 고뇌에 차서 울부짖고 계셨던 것이다. "아버지여, 만일 아버지의 뜻이거든 이 잔을 내게서 옮기시옵소서"(눅 22:42).

그와 같은 소원은 우리 주님의 인성을 강렬하게 보여주는 증거였다. "내 뜻대로 하지 마옵시고"라는 간구는 그 소원이 죄로 물들지 않도록 지켜주었다. "아빠 아버지여, 아버지께는 모든 것이 가능하오니"라고 간절히 부르짖으시면서 주님은 그 잔을 옮길 수 있는지를 간청하는 더욱 절박한 기도로 다시 돌아오셨다.

이때 희생제물로서 예수님의 본질과 가치를 보여주는 것은 "아버지여, 내 뜻대로 하지 마옵시고"라고 세 번씩이나 되풀이하셨던 기도이다. 지금 주님은 "나는 그것이 아버지의 뜻인 줄 아나이다"라고 감히 말할 수 없는 것을 간청하고 계신다. 예수님은 하나님의 능력과 사랑을 간청하였으며, 그런 다음에는 결국 "그러나 나의 원대로 마시옵고 아버지의 원대로 하옵소서"라는 마지막 간구로 물러서셨다. 그 잔을 옮겨달라는 기도는 응답될 수 없는 것이었고, 하나님의 뜻이 이루어지도록 하는 순복의 기도는 하나님께 상달되었으며, 이 기도는 먼저 두려움을 이기고 그다음에는 죽음의 권세를 이기신 주님의 승리로 영광스럽게 응답되었다.

이처럼 자기 뜻을 부인하고 하나님 아버지의 뜻에 자신을 완전히 순복시키는 과정을 통해서 예수님은 가장 완전한 수준의 순종에 이르셨다. 갈보리 산 위에서 생명을 바치는 희생제물이 의미를 가질 수 있는 것은 겟세마네 동산에서 자기 뜻을 희생하셨기 때문이다. 성경에서 말하는 것처럼 우리 주님이 순종을 배우고 그분께 순종하는 모든 사람에게 영원한 구원의 창시자가 된 것도 바로 여기에서다. "그가 아들이시면서도 받으신 고난으로 순종함을 배워서 온전하게 되셨은즉 자기에게 순종하는 모든 자에게 영원한 구원의 근원이 되시고"(히 5:8-9). 겟세마네 기도에서 십자가에 죽기까지 순종하셨기에 하나님은 독생자 예수님을 지극히 높이셨으며, 무엇이든지 원하는 대로 구할 수 있는 권세를 주셨다. "사람의 모양으로 나타나사 자기를 낮추시고 죽기까지 복종하셨으니 곧 십자가에 죽으심이라. 이러므로 하나님이 그를 지극히 높여 모든 이름 위에 뛰어난 이름을 주사"(빌 2:8-9).

예수님이 다른 곳에서 "아버지여, 이제 내 뜻대로 하겠나이다"라고 기도할 수 있는 권세를 얻었던 것도 바로 "아버지여, 내 뜻대로 하지 마옵시고"라는 기도를 통해서였다. 예수님이 자기 백성들에게 "무엇이든지 원하는 대로 구하라"고 말씀하실 수 있는 권리를 확보하셨던 것도 역시 자기 뜻대로 하지 말라고 기도하면서 겟세마네 동산에서 보이셨던 예수님의 순복하는 모습 때문이었다.

여기서 우리는 겟세마네가 제공하는 심오한 신비를 다시 한 번 살펴보자. 첫째 신비는 하나님 아버지께서 사랑하는 아들에게 진노의 잔을 내미셨다는 점이다. 둘째 신비는 그토록 순종적인 아들이 뒤로 물러나서 그 잔을 마시지 않게 해달라고 간청했다는 점이다. 셋째 신비는 하나님 아버지께서 아들의 요청을 받아들이지 않으시고 계속해서 이 잔을 내미셨다는 점이다. 그다음으로 마지막 신비는 아들이 아버지의 뜻에 순복하면서 자기 뜻이 이루어지지 않았는데도 만족하며 그 잔을 마시기 위해 갈보리로 올라가셨다는 점이다.

오, 겟세마네여! 나는 너에게서 어떻게 우리 주님이 기도 응답에 관하여 그토록 무한한 확신을 나에게 줄 수 있었는지를 깨닫게 된다. 주님은 나를 위하여 그 잔을 마셨으며, 주님은 자기 자신의 간청이 응답되지 않는다는 사실을 순순히 받아들이셨다. 이것은 총체적인 구속 계획과 조화를 이룬다. 우리 주님은 항상 우리를 위하여 자신이 고난 받으셨던 것과는 정반대 상황으로 이끌어가셨다. 우리가 자유롭게 될 수 있도록 주님은 오히려 묶임을 당하셨다. 주님이 죽임을 당하심으로써 우리가 생명을 얻을 수 있게 되었다. 주님은 하나님의 저주를 당하심으로써 하나님의 축복이 우리 것이 될 수 있도록 하셨다. 주님이 자기 기도에 아무런 응답이 없어도 인내하심으로써 우리 기도는 응답을 얻을 수 있게 하셨다. 그렇다. 우리 주님이 "내 뜻대로 마옵시고"라고 말씀하심으로써 우리에게 "너희가 내 안에 거하고 내 말이 너희 안에 거하면 무엇이든지 원하는 대로 구하라. 그리하면 이루리라"(요 15:7)고 완벽하게 말씀하실 수 있게 되셨다.

"너희가 내 안에 거하면." 여기 겟세마네에서 이 말씀은 새로운 힘과 깊이를 더하게 된다. 예수님은 우리의 머리로서, 그 보증으로서 우리 자리에 서 계시며, 우리가 영원히 짊어져야 했던 것들을 짊어지고 계신다. 우리는 하나님이 귀를 막고 결코 우리의 부르짖음을 들어주시지 않아야 마땅한 존재들이다. 그런데 예수님이 이 땅으로 찾아오셔서 우리를 위하여 이와 같은 고난도 마다하지 않으셨다. 예수님은 마땅히 우리가 받아야 할 고난을 받으셨다. 우리의 죄악을 위하여 예수님은 응답되지 않는 기도의 짐을 모두 혼자 짊어지고 고난을 받으셨다. 그러나 이렇게 예수님이 고난을 받으시므로 나에게 유익이 되었다. 예수님은 나를 위하여 지금까지 짊어지셨던 것들을 벗어던지셨고, 예수님의 순종으로 이제 나는 기도할 때마다 응답을 얻을 수 있게 되었다. 만약 내가 예수님 안에 거하기만 한다면 말이다.

그렇다. 예수님이 겟세마네에서 하나님 앞에 무릎을 꿇었던 것처럼 나도 예수님 안에 거해야 한다. 내 머리되신 분으로서 예수님은 나를 위하여 한 번 고난을 받으셨을 뿐만 아니라 또한 내 안에 항상 살아계셔서 내 안에 그분의 본성을 불어넣으면서 일하고 계신다. 예수님이 자신을 하나님께 내드렸던 영원하신 성령님도 역시 내 안에 거하시는 영으로서 내 뜻을 하나님께 희생시키도록 인도하실 뿐만 아니라 바로 그와 같은 순종에 동참하도록 이끄신다. 바로 그 성령님은 하나님의 뜻에 전적으로 내 뜻을 굴복시키는 법, 심지어 죽기까지 내 뜻을 포기하는 법, 예수님 안에서 내 뜻을 죽이는 법을 나에게 가르쳐주신다.

내 마음과 생각과 의지가 어떻든지 간에, 그것이 직접적으로 죄악으로 기울지는 않을지 몰라도 성령님은 일단 죄악을 두려워하라고 가르쳐주신다. 성령님은 우리의 귀를 열어 차분히 잘 알아들을 수 있는 상태에서 하나님이 날마다 전하고 가르쳐주시고 말씀하시는 것들을 기다릴 수 있게 하신다. 성령님은 사랑 안에서 하나님의 뜻과 연합하는 것이 어떻게 하나님과 연합하는 것인지, 하나님의 뜻에 전적으로 순복하는 것이 어떻게 하나님 아버지의 요청, 그 아들의 본보기, 그 영혼의 참된 축복과 연결되는지 우리에게 보여주신다.

성령님은 예수님의 죽음과 부활에 동참하는 친교 안으로 들어가도록 내 뜻을 인도해 주시며, 내 뜻이 예수님과 성령님 안에서 죽고, 예수님 안에서 다시 살아나게 하신다. 성령님은 새롭고 활력 넘치는 뜻을 불어넣으시며, 하나님의 온전하신 뜻에 관한 거룩한 통찰을 불어넣으신다. 그와 같은 하나님의 뜻을 이루는 도구로 우리의 뜻을 굴복시키는 데서 거룩한 기쁨을 얻도록 하시며, 기도 응답에 관한 하나님의 뜻을 굳게 붙잡을 수 있는 거룩한 자유와 능력을 불어넣으신다.

나는 온 마음과 뜻을 다하여 하나님과 하나님 나라의 유익을 위해 살아가면서, 성품에서나 기도에서나, 이 땅에서나 저 하늘에서나, 사람들에 대해서나 하나님에 대해서나, 십자가에 달리셨으나 다시 살아나신 예수님의 온전하신 뜻에 숨겨진 능력을 발휘하는 법을 배우게 될 것이다. 내가 "아버지여, 내 뜻대로 하지 마옵시고"라는 겟세마네 기도 속으로 점점 더 깊이 빠져들수록, 그렇게 기도하셨던 우리 주님 속으로 점점 더 깊이 빠져들수록, 그분 안에 거하는 것이 점점 더 깊어질수록 예수님이 "아버지여, 내가 원하옵나니"라고 말씀하신 능력 속으로 점점 더 충만하게 나아갈 수 있을 것이다.

그래서 우리의 영혼은 바로 그 뜻, 곧 아무것도 아닌 존재가 됨으로써 온전하신 하나님의 뜻이야말로 모든 것이 될 수 있다는 사실을 경험하게 될 것이다. 이로 말미암아 이제 하나님이 뜻하시는 것을 진정으로 원하도록, 그리고 예수님의 이름으로 약속하신 것들을 담대하게 요구하는 그 영혼에게 신적인 능력을 불어넣게 된다.

겟세마네에서 "너희가 내 안에 거하고 내 말이 너희 안에 거하면 무엇이든지 원하는 대로 구하라. 그리하면 이루리라"고 말씀하시는 예수님의 음성에 귀를 기울이도록 하자. 모든 것을 하나님의 뜻에 내드렸던 예수님과 같은 마음과 영이 되는 것, 하나님 아버지께 순종하신 예수님처럼 살아가는 것, 이것이 바로 기도 능력의 비결일 뿐만 아니라 그분 안에 거하는 완전한 삶이다.

03
Only Prayer is Ability _ Part 5

만왕의 주 하나님의 뜻대로 담대히 구하라

그를 향하여 우리가 가진 바 담대함이 이것이니 그의 뜻대로 무엇을 구하면 들으심이라. 우리가 무엇이든지 구하는 바를 들으시는 줄을 안즉 우리가 그에게 구한 그것을 얻은 줄을 또한 아느니라. 요한일서 5:14-15.

믿음의 기도로 나아가는 데 있어서 가장 커다란 장애물은 대개 자기가 구하는 것이 하나님 아버지의 뜻에 부합하는지를 잘 모른다는 사실이다. 이 점을 미심쩍어하는 한 반드시 기도 응답을 받으리라는 확신 가운데 담대하게 구할 수 없다. 또한 여러 가지 기도 제목으로 하나님 앞에 나아가 기도했는데도 불구하고 아무런 응답을 받지 못하는 경우에, 머지않아 하나님이 기뻐하시는 뜻에 맡기는 것이 최선이라고 생각하기 시작할 것이다.

"그의 뜻대로 무엇을 구하면 들으심이라"는 요한의 말씀은 기도 응답과 관련하여 확신을 줄 수 없다. 왜냐하면 그 사람들은 정말로 하나님의 뜻이 무엇인지 확신할 수 없기 때문이다. 그래서 하나님의 뜻이란 숨겨진 섭리라고 생각하면서, 도대체 어떻게 인간이 전지전능하신 하나님의 목적이 무엇인지 어렴풋하게라도 헤아릴 수 있을지 의아하게 생각하게 된다.

이는 사도 요한이 그와 같은 말씀을 기록했던 목적과는 전혀 상반되는 상황이다. 요한은 우리에게 믿음으로 기도하는 것과 관련하여 담대함, 자신감, 확신을 가지고 나아가기를 원했다. 요한은 우리가 "아버지여, 내가 당신의 뜻대로 구하고 있다는 것을 당신도 알고 저도 알고 있습니다. 저는 당신이 제 기도를 듣고 계신다는 사실을 잘 알고 있습니다"라고 용감하게 고백할 수 있도록 "그를 향하여 우리가 가진 바 담대함이 이것이니"라고 말한다.

이 시점에서 요한은 이렇게 덧붙인다. "우리가 무엇이든지 구하는 바를 들으시는 줄을 안즉 우리가 그에게 구한 그것을 얻은 줄을 또한 아느니라"(요일 5:15). 우리는 응답이 있다는 것을 믿음 안에서 알아야 한다. 기도하는 중에라도 구한 것을 이미 받은 줄로 알고 있어야 한다. 요한은 우리가 기도할 때 먼저 우리의 기도가 하나님의 뜻에 따른 것인지 아닌지를 알아야 한다고 전제하고 있다. 우리의 기도가 하나님의 뜻을 따를 수도 있지만, 끈기 있는 믿음의 기도가 없다면 곧바로 하나님의 뜻을 따르지 못하게 될 것이다. 하나님이 말씀하시는 이와 같은 방식을 끝까지 지키면서 믿음 안에서 강해지는 것은 우리에게 용기를 불어넣는다.

우리의 간구가 하나님의 뜻대로 구하는지 여부가 우리에게 여전히 불확실한 문제로 남아 있다면 "우리가 그에게 구한 그것을 얻은 줄을 또한 아느니라"는 요한의 말씀에 쉽사리 위안을 얻을 수 없을 것이다. 이것이 어려운 점이다. 수많은 성도들이 이렇게 말한다. "내가 원하는 것이 하나님의 뜻에 부합하는지 여부를 모르겠어요! 하나님의 뜻이란 그분의 무한하신 지혜에서 비롯된 섭리이므로, 하나님이 내가 원하는 것보다 더 나은 다른 것을 고려하고 계시는지, 도대체 내가 어떻게 알 수 있을까요? 또한 내가 구하는 것을 허락하시지 않는 데에는 어떤 다른 이유들이 있는지 도대체 내가 어떻게 알 수 있겠어요?"

사람들은 예수님이 "누구든지 이 산더러 들리어 바다에 던져지라 하며 그 말하는 것이 이루어질 줄 믿고 마음에 의심하지 아니하면 그대로 되리라"(막 11:23)고 말씀하신 믿음의 기도를 불가능하다고 느끼는 것 같다. 물론 하나님의 지혜에 순복하여 그 지혜를 신뢰하는 기도가 있을지도 모르지만, 그럴 경우에는 믿음의 기도란 있을 수 없다. 여기서 아주 커다란 실수는 하나님의 자녀들이 하나님의 뜻을 알 수 있다는 점을 정말로 믿지 못한다는 것이다. 또한 이와 같은 사실을 믿는다 하더라도 그 사람들은 하나님의 뜻을 알아내기 위해 시간과 수고를 들이지 않는다.

하나님 아버지께서 그분을 기다리는 자녀의 간구가 그분의 뜻에 따른 것임을 알도록 어떻게 인도하시는지를 명확하게 깨닫는 것이 우리에게 필요하다. 우리의 간구가 하나님의 뜻에 따른 것임을 아는 법을 배울 수 있는 것은 우리의 마음, 생명, 뜻을 붙잡아서 지키도록 도와주시는 하나님의 말씀을 통해서이며, 하나님의 내주하심과 인도하심을 받아들이도록 도우시는 그분의 거룩한 성령님을 통해서다.

먼저 하나님의 말씀을 주의 깊게 살펴보도록 하자. 하나님의 뜻에는 은밀한 것이 도사리고 있다고 생각하여, 흔히 우리의 기도가 그와 같은 하나님의 은밀한 뜻에 어긋나지 않을까 염려한다. 우리가 기도 중에 수행해야 하는 것은 이와 같은 하나님의 은밀한 뜻이 아니다. 오히려 하나님의 말씀 가운데 명확하게 계시된 그분의 뜻을 이루는 것이 우리의 임무이다. 하나님의 섭리와 관련된 은밀한 뜻으로 말미암아 우리의 기도가 응답받을 수 없다고 생각하는 것은 굉장히 잘못된 개념이다.

하나님이 그분의 자녀들을 위하여 기꺼이 행하신다는 것을 어린아이처럼 믿으면 기도를 들으시는 것이 하나님의 뜻이라는 아버지의 보증을 쉽게 받아들인다. 또한 하나님의 말씀을 믿는 믿음의 사람이 바라고 받아들이는 대로 행하시는 것이야말로 하나님의 뜻이라는 아버지의 보증을 그냥 단단히 붙잡게 된다. 그 말씀 안에서 하나님은 그분의 백성들에 대한 그분의 뜻과 관련하여 엄청난 원리들을 계시하셨다. 하나님의 자녀는 그 약속들을 받아들여야 하고, 하나님의 생명 안에서 그 약속과 관련된 특별한 상황을 만날 때마다 그 약속을 적용해야 한다. 그 자녀가 이렇게 계시된 뜻이라는 범주 안에서 무엇을 구하든지, 그것은 모두 하나님의 뜻대로 구하는 것임을 알 수 있으며, 확신 가운데 응답을 기대할 수 있다.

하나님은 말씀을 통해 그분의 뜻을 우리에게 계시해 주신다. 우리와 그분의 백성과 온 세상에 관한 그분의 뜻과 계획을 계시해 주신다. 가장 소중한 은혜와 능력의 약속을 우리에게 허락해 주신다. 그로 말미암아 하나님은 그분의 백성을 통해 그분의 계획을 실행하시며 그분의 일을 행하신다. 일반적인 약속들이 특수한 경우에도 이루어지기를 요구할 수 있을 만큼 우리의 믿음이 충분히 강하고 담대해질 때 우리는 하나님이 우리의 기도를 들으신다는 확신을 가질 수 있게 된다. 왜냐하면 그러한 요구는 하나님의 뜻에 따른 것이기 때문이다.

이에 관한 구체적인 설명으로써 이번 장에서 제시한 말씀 가운데 다음과 같은 구절에 포함되어 있는 요한의 말씀을 한 번 곰곰이 생각해보라. "누구든지 형제가 사망에 이르지 아니하는 죄 범하는 것을 보거든 구하라. 그리하면 사망에 이르지 아니하는 범죄자들을 위하여 그에게 생명을 주시리라"(요일 5:16). 이것은 일반적인 약속이다. 이 약속을 근거로 간구하는 성도는 하나님의 뜻에 따라 기도하는 것이며, 요한은 그 성도가 자신이 요청하는 대로 간구하고 있음을 알고서 그 사람에게 담대함을 불어넣고 싶어 했다.

그러나 하나님의 뜻에 관한 이와 같은 이해는 영적인 것이며, 영적으로 분별되어야 한다. 이것은 우리가 이성적으로 풀어나갈 수 있는 논리의 문제가 아니다. 하나님은 분명히 나를 향한 목적과 계획이 있다고 말씀하셨다. 이처럼 모든 그리스도인에게 동일한 은사나 부르심이 있는 것은 아니다. 그 약속 안에 계시된 일반적인 뜻은 모든 사람에게 동일한 반면, 우리 각자에게는 하나님의 뜻에 따라 각각 다른 특별한 뜻이 있다. 우리에게 베푸시는 은혜라는 척도에 따라 우리 각자를 향한 하나님의 특별한 뜻을 아는 것이야말로, 그리고 하나님이 우리 각자에게 예비하고 가능하게 만드신 것들을 오직 기도하는 가운데 구하는 것이야말로 우리 성도들이 발휘해야 할 지혜이다.

거룩하신 성령님이 우리 안에 거하시는 것은 바로 이와 같은 지혜를 소통하기 위함이다. 우리의 특별한 영적인 필요에 대해 하나님의 말씀에 등장하는 일반적인 약속을 개인적으로 적용하는 것, 바로 이것이 성령님의 인도하심을 우리에게 베푸시는 이유이다.

많은 사람들이 제대로 이해하지 못하는 것은 이와 같은 말씀과 성령님의 연합적인 가르침이며, 그리하여 하나님의 뜻이 무엇인지를 알아내는 데에는 이중적인 어려움이 있다. 어떤 사람들은 내적인 느낌이나 확신으로 하나님의 뜻을 찾으려고 애쓰지만 말씀 없이 성령님이 자기들을 인도해 주시기를 바란다. 다른 사람들은 말씀 속에서 하나님의 뜻을 발견하려고 애쓰지만 성령님의 살아 있는 인도하심 없이 그렇게 하려고 몸부림친다. 그러나 이 둘은 반드시 연합되어야 한다. 오직 말씀 안에서나 오직 성령님 안에서라기보다 우리는 이 둘 안에서 가장 확실하게 하나님의 뜻을 알 수 있으며, 그에 따라서 기도하는 법을 배울 수 있게 된다.

우리의 마음속에서 말씀과 성령님이 만나야 한다. 우리가 말씀과 성령님의 가르침을 경험할 수 있는 것은 오직 그 둘의 내주하심을 통해서일 뿐이다. 말씀이 우리 안에 거하면서 내주해야 한다. 우리의 마음과 삶이 날마다 말씀의 영향력 아래 놓여 있어야 한다. 성령님으로 말미암아 말씀의 기운을 북돋우는 것은 우리의 마음과 삶을 배제하는 것이 아니라 오히려 그 안에서 이루어진다. 말씀의 주권에 자기 자신의 모든 인생을 걸고 자기 자신을 내어주는 사람만이 하나님의 뜻과 말씀이 허용하는 것이 무엇인지, 곧 특별한 경우마다 각 사람에게 좋은 것이 무엇인지 담대하게 분별할 수 있다.

이와 같은 원리는 성령에 대해서도 역시 마찬가지다. 가령 내가 하나님의 뜻이 무엇인지를 확신하기 위하여 기도 중에 성령님의 인도하심을 받기 원한다면 내 모든 삶이 성령님의 인도하심에 굴복되어야 한다. 그것이 바로 우리의 지성과 마음이 하나님의 거룩하신 뜻을 알 수 있을 만큼 충분히 영성을 회복하는 유일한 방법이다. 말씀과 성령님을 통하여 하나님의 뜻을 행함으로써 하나님의 뜻 안에서 살아가는 사람은 하나님이 우리의 기도를 들으신다고 확신하면서 하나님의 뜻에 따라 기도하는 법을 알 수 있게 된다.

그리스도인들은 자신의 기도가 하나님의 뜻에 따른 게 아닐지도 모르기에 기도 응답이 없어도 만족해야 한다고 생각하는 것이 자기 자신에게 어떤 해악을 끼칠지 곰곰이 따져보아야 한다. 하나님의 말씀에 따르면 응답받지 못하는 기도의 가장 큰 이유는 우리가 제대로 기도하지 않기 때문이다. "구하여도 받지 못함은 정욕으로 쓰려고 잘못 구하기 때문이라"(약 4:3).

기도의 응답을 주시지 않음으로써 하나님은 우리의 기도에 잘못된 것이 있다고 말씀하신다. 하나님은 그 원인을 찾아내어 고백하도록 가르쳐서, 진정한 믿음의 기도와 설복시키는 기도에 관하여 우리를 교육하기 원하신다. 기도의 응답이 지체되거나 보류되는 이유에 관하여 우리가 스스로 잘못을 깨닫도록 우리를 인도하실 때라야 비로소 하나님은 자신의 목적을 달성하실 수 있다. 왜냐하면 우리의 목적, 우리의 믿음, 또는 우리의 삶이 올바른 모습으로 서 있지 못하기 때문이다. 그러나 단지 우리가 "아마도 하나님이 내 기도를 들으시지 않는 이유는 내가 하나님의 뜻에 따라 기도하지 않기 때문일 거야"라고 말하면서 그런 식으로 기도하는 데 만족하는 한 하나님의 목적은 이루어지지 않을 것이다.

이제 우리는 응답받지 못하는 기도에 대한 책임을 하나님의 은밀한 뜻에 돌리지 말고, 오히려 우리가 그릇되게 기도하는 데서 찾아야 한다. "구하여도 받지 못함은 정욕으로 쓰려고 잘못 구하기 때문이라"는 말씀이 주님의 등불이 되도록 하여 우리가 사실상 예수님이 확실한 기도 응답을 약속하신 사람들임을 증명하기 위하여 애써야 한다. 또한 우리의 기도가 하나님의 뜻에 따른 것인지의 여부를 충분히 알 수 있다는 사실을 믿어야 한다. 하나님의 말씀이 풍성히 우리의 마음속에 거하도록, 예수님의 말씀이 우리 안에 거하도록 우리의 마음을 순복시켜야 한다. 우리에게 모든 것을 가르쳐주시는 기름 부으심으로 날마다 살아야 한다. 성령님이 예수님 안에 거하는 법과 하나님의 임재 안에 머무는 법을 우리에게 가르쳐주실 때 성령님께 우리 자신을 스스럼없이 내드려야 한다.

이러한 성령님께 기꺼이 굴복할 때 우리는 머지않아 하나님이 원하시는 것을 이해하게 될 것이다. 사랑으로 말미암아 하나님 아버지는 자기 자녀들이 그분의 뜻을 알아내기를 간절히 원하신다. 우리는 하나님의 뜻에 그분의 능력과 사랑으로 행하겠다고 약속하신 모든 것이 포함되어 있다는 사실을 확신한다. 하나님의 자녀는 마땅히 우리가 간구하는 것을 하나님이 전부 들으신다는 사실도 알아야 한다. "그를 향하여 우리가 가진 바 담대함이 이것이니 그의 뜻대로 무엇을 구하면 들으심이라."

04
Only Prayer is Ability _ Part 5

제사장으로 부르심은 기도에 능력을 더한다

너희도 산 돌 같이 신령한 집으로 세워지고 예수 그리스도로 말미암아 하나님이 기쁘게 받으실 신령한 제사를 드릴 거룩한 제사장이 될지니라. 베드로전서 2:5.

"주 여호와의 영이 내게 내리셨으니 이는 여호와께서 내게 기름을 부으사 가난한 자에게 아름다운 소식을 전하게 하려 하심이라"(사 61:1). 이것은 예수님과 관련된 이사야서의 예언이다. 예수님의 열매로 모든 구속받은 사람은 대제사장으로 성령님의 기름 부으심을 받으신 예수님과 함께 동역하는 제사장이다. "머리에 있는 보배로운 기름이 수염 곧 아론의 수염에 흘러서 그의 옷깃까지 내림 같고"(시 133:2).

아론의 자손과 마찬가지로 예수님의 몸을 이루는 모든 지체는 제사장 직분을 맡을 권리가 있다. 그러나 모든 사람이 그 권리를 행사하는 것은 아니다. 많은 사람들은 아직도 그 권한에 대해 전혀 모르고 있다. 그런데 이 권리야말로 하나님의 자녀에게 있는 최고의 특권이며, 항상 살아계셔서 우리를 위해 기도하시는 예수님과 닮았다는 사실을 보여주는 표지이다. 과연 이것이 정말로 그런지 의심스러운가? 제사장 직분은 무엇으로 이루어져 있는지 한 번 생각해보자.

첫째, 제사장의 임무가 있다.

—

이 임무에는 두 가지 측면이 있다. 하나는 하나님을 향한 것이고, 다른 하나는 인간을 향한 것이다. "대제사장마다 사람 가운데서 택한 자이므로 하나님께 속한 일에 사람을 위하여 예물과 속죄하는 제사를 드리게 하나니"(히 5:1). 또한 모세는 이렇게 말한다. "그때에 여호와께서 레위 지파를 구별하여 여호와의 언약 궤를 메게 하며 여호와 앞에 서서 그를 섬기며, 또 여호와의 이름으로 축복하게 하셨으니 그 일은 오늘까지 이르느니라"(신 10:8).

한편 제사장에게는 하나님께로 가까이 나아가 하나님의 집에서 그분과 함께 거하며 희생제물의 피와 번제 향을 하나님 앞에 올려드리는 권한이 있었다. 그러나 제사장은 자기 자신을 위해 이런 일을 하는 것이 아니라 자신이 대표하는 백성들을 위해 그렇게 하였다. 이것이 바로 제사장 역할의 다른 측면이다. 제사장은 백성들에게 희생제물을 받아서 하나님 앞에 그 제물을 올려드린 다음, 백성들을 축복하기 위해 제단에서 걸어 나와 하나님의 은혜에 대한 확신을 심어주고 하나님의 율법을 백성들에게 가르쳤다.

그러므로 제사장은 자기 자신을 위하여 살아가는 사람이 아니다. 제사장은 하나님과 함께, 하나님을 위하여 살아가는 존재이다. 하나님의 종으로서 제사장의 임무는 하나님의 집, 하나님의 영광, 하나님의 예배를 돌아보면서 하나님의 사랑과 하나님의 뜻을 사람들에게 알리는 자이다. 제사장은 사람들과 더불어 사람들을 위해 살아가는 자이다. 제사장의 임무는 백성들의 죄와 필요를 하나님 앞으로 가져가는 것이며, 백성들을 위해 용서와 축복을 베풀려고 백성들의 이름으로 희생제물과 향을 올려드리는 것이다. 그런 다음에는 하나님의 이름으로 백성들에게 나아와 백성들을 축복하는 것이다.

그런데 이제 모든 성도를 위한 지고한 부르심도 이런 것이다.

"이런 영광은 그의 모든 성도에게 있도다"(시 149:9). 그 성도들은 자기 주변에서 죽어가는 수백만의 사람들 가운데 하나님의 제사장이 되라는 단 한 가지 목적을 위하여 구속함을 받았다. 그 제사장은 위대하신 대제사장을 따라서 주변에 있는 모든 사람에게 하나님의 은혜를 전하는 사역자와 청지기가 되어야 한다.

**둘째, 제사장의 임무와 조화를
이루어야 하는 제사장의 품행이 있다.**
—

하나님이 거룩하신 것과 마찬가지로 제사장도 역시 거룩해야 한다. 이것은 부정한 모든 것과는 구별되어야 할 뿐 아니라 하나님이 사용하시도록 자신을 구별하여 드리고 모든 것을 바치는 것을 의미한다(레 21:6). 세상과 구별되는 것과 하나님께 자신을 구별하여 드리는 것은 여러 가지 방식으로 나타난다.

제사장의 성결함은 의복에서 나타난다. 하나님의 규례에 따라서 만들어진 성의(聖衣)는 제사장이 하나님의 사람이라는 표시였다(출 28장 참고). 제사장의 성결함은 시체나 부정한 것과 일체 접촉하지 않고, 특별히 정결한 상태를 유지하라는 명령에서 잘 드러났다(레 11:24 참고). 보통 이스라엘 백성들에게는 허락된 많은 것이 제사장들에게는 금지되었다. 제사장의 성결함은 신체적인 결점이나 흠이 없어야 한다는 명령에서도 확연히 드러났다. 왜냐하면 신체적인 완전함은 하나님을 섬기는 온전함과 거룩함의 전형이 되어야 했기 때문이다.

그리고 제사장의 성결함은 제사장 지파는 다른 지파들과 달리 아무런 기업도 소유할 수 없다는 규정에서도 잘 드러났다. 왜냐하면 오직 하나님 한 분만이 제사장의 기업이었기 때문이다. 제사장들의 삶은 믿음의 삶이어야 하며, 구별되어 있어서 하나님에 기초한 삶을 살아야 할 뿐만 아니라 하나님을 위해서 살아가야 했다.

이 모든 것은 신약성경의 제사장이 어떤 성격을 지녀야 하는지에 관한 표상(表象)이다. 하나님이 우리에게 허락하시는 제사장적인 능력은 우리 자신의 개인적인 삶과 품행에 따라 달라지는 문제이다. 우리는 예수님이 "그 옷을 더럽히지 아니한 자 몇 명이 네게 있어 흰 옷을 입고 나와 함께 다니리니 그들은 합당한 자인 연고라"(계 3:4)고 말씀하시며, 이 세상에서 드러내야 한다고 요구하신 품행들을 보여주어야 한다.

그리고 세상과 구별된 삶을 살면서 거룩하고자 하는 우리의 소망이 마음속 깊은 곳에서 우러나오는 온전한 것임을 증명해야 한다. 제사장의 신체적인 완전함은 "흠 없고 점 없으며" "이는 곧 물로 씻어 말씀으로 깨끗하게 하사 거룩하게 하시고 자기 앞에 영광스러운 교회로 세우사 티나 주름 잡힌 것이나 이런 것들이 없이 거룩하고 흠이 없게 하려 하시며" "이는 하나님의 사람으로 온전하게 하며 모든 선한 일을 행할 능력을 갖추게 하려 함이며" "인내를 온전히 이루라. 이는 너희로 온전하고 구비하여 조금도 부족함이 없게 하여야"(레 21:17-21, 엡 5:26-27, 딤후 3:17, 약 1:4 참조) 한다.

또한 다른 무엇보다도 우리는 이 세상에서 모든 기업을 포기하며 모든 것을 버리는 데 동의해야 하며, 예수님처럼 우리의 몫으로 오직 하나님만을 소유하겠다고 동의해야 한다. 오직 하나님 외에는 다른 아무것도 소유하거나 붙잡지 않겠다고 동의해야 한다. 이것이 바로 오직 하나님과 하나님의 백성들만을 위해 살아가는 사람, 곧 참 제사장의 표지이다.

셋째, 제사장 직분으로 나아가는 행위가 있다.

—

아론을 통해 하나님은 그 모든 자손을 택하여 제사장이 되도록 하셨다. 아론의 자손들은 태어나면서부터 제사장이었다. 그러나 아무리 아론의 자손이라도 특별한 의식 행위, 곧 성별 의식을 치르지 않고는 제사장의 임무를 수행할 수 없었다. 모든 하나님의 자녀들은 위대한 대제사장에게서 태어나 그분과 혈연

관계를 맺었다는 이유로 제사장이 되었다. 그러나 이것만으로는 충분하지 않다. 그 사람들은 성별 의식을 받아들이고 실행할 때라야 비로소 자기 능력을 발휘하게 된다.

아론과 그 자손들에게서 성별 의식은 이와 같이 거행되었다(출 29장 참고). 깨끗하게 몸을 씻고 거룩한 옷을 입은 뒤에 거룩한 기름으로 기름 부음을 받았다. 그런 다음에는 희생제물을 드렸으며, 오른쪽 귀와 오른쪽 손, 오른쪽 발에 피를 묻혔다. 그 다음으로는 그 자손들의 옷에 다시 한 번 피와 기름을 함께 뿌렸다. 마찬가지로 하나님의 자녀 안에서 보혈과 성령님이 더욱 충만하게 역사할 때 거룩한 제사장의 능력이 하나님의 자녀 안에서 효력을 발휘하게 될 것이다. 보혈은 무가치하다는 느낌을 모조리 몰아낼 것이며, 성령님은 온갖 부적격하다는 생각을 완전히 몰아낼 것이다.

제사장에게 피를 바르는 데서 새롭게 주목해야 할 것이 무엇인지 생각해보라. 제사장이 참회하는 자로서 자기 죄를 용서받기 위해 희생제물을 가져왔다면 그 피를 제단에 뿌리지 자신에게는 뿌리지는 않았을 것이다. 그러나 제사장의 성별을 위해서는 그 피와 더욱 밀접한 접촉이 있어야 했다. 귀와 손과 발이 특별한 의식 행위를 통해 하나님의 능력 아래로 나아와야 했으며, 제사장의 모든 존재가 하나님의 소유가 되어 성별되어야 했다.

이전에는 용서에 필요한 행위로써 주로 속죄소에 피를 뿌리기만 하면 된다고 생각했던 성도들이 온전히 제사장적인 접근 방법을 찾으려고 하나님의 인도하심을 받을 때, 그 성도는 보혈의 능력에 대해 더욱 충만하고 더 지속적인 체험이 필요하다고 느끼게 될 것이다. 보혈이 직접적으로 자신에게 뿌려지는 것이 필요하며, 실제로 그렇게 피를 뿌림으로써 악한 양심으로부터 마음을 정결하게 씻어야 한다. 그 성도는 "이제 더는 죄의식을 가지지 않도록"(히 10:2 참조) 해야 하며, 모든 죄악을 깨끗하게 씻어야 한다. 이것을 즐기게 될 때 우리의 양심은 하나님께 가까이 나아갈 수 있는 놀라운 권리를 깨닫고, 자신의 중보기도를 기쁘게 받으신다는 확신으로 가득 차게 될 것이다.

그 피가 우리에게 권한을 주는 것처럼 성령님은 믿음의 중보기도에 능력을 주신다. 성령님은 우리에게 제사장의 영을 불어넣어주셔서 하나님의 영광과 영혼 구원을 위하여 불타는 사랑으로 흘러넘치게 하신다. 성령님은 우리와 예수님을 하나 되게 하셔서 그분의 이름으로 올려드리는 기도를 현실로 바꾸신다. 성령님은 우리에게 간절한 믿음의 기도, 끈질긴 기도를 강화시켜주신다. 그리스도인이 예수님의 영으로 충만해 질수록 점점 더 자발적으로 제사장적인 중보기도의 삶으로 나아가기 위해 자신을 내어주게 될 것이다.

사랑하는 그리스도인들이여, 하나님께서는 그분의 임재 안에 머물면서 중보기도를 통해 다른 사람들에게 하나님의 축복을 내려 주는 제사장들이 필요하다. 그리고 세상 역시 죽어가는 사람들의 짐을 짊어지고서 그 사람들을 대신하여 중보하는 제사장들이 엄청나게 많이 필요하다. 이와 같은 거룩한 과업에 당신 자신을 기꺼이 내드리지 않겠는가? 당신은 이 일에 어떤 순복이 요구되는지 잘 알고 있다. 예수님의 순복을 통해 하나님의 사랑어린 구원의 목적이 인간 세상에서 성취될 수 있도록 해야 한다.

이제 더는 단지 자기 자신의 구원에 만족하면서 오직 자신만을 위해 일하는 사람이 되어서는 안 된다. 아무것도 하나님의 제사장이 되는 것을 방해해서는 안 된다. 가장 높으신 하나님의 제사장 이외에는 다른 어떤 것도 되어서는 안 된다. 우리는 가장 높으신 하나님의 제사장이나 다름없는 사람이 되어야 한다. 무가치하다는 생각, 부적격이라는 생각이 당신을 뒤로 물러서게 해서는 안 된다. 우리 주님의 보혈을 통하여 완전한 구속의 능력이 당신 안에서 효력을 발휘하게 될 것이다. 예수님의 성령을 통하여 신령한 삶을 직접 체험하는 일이 보장될 것이다. 그 보혈은 당신의 기도에 무한한 가치를 제공하여 그 기도가 받아들여지게 할 것이다.

성령님은 오직 하나님의 뜻에 따라서 기도하는 법을 당신에게 가르쳐주신다. 성전 율법에 따라서 희생제사를 드릴 때 그 제사가 받아들여졌다는 사실을 모든 제사장은 알고 있었다. 보혈과 성령님의 보호 아래서 예수님의 이름으로 올려드리는 기도에 대한 온갖 놀라운 약속들이 당신 안에서 성취될 것이라는 확신을 갖게 된다.

위대한 대제사장과 연합 안에 거하면 "무엇이든지 원하는 대로 구하라. 그리하면 이루리라." "그러므로 너희 죄를 서로 고백하며 병이 낫기를 위하여 서로 기도하라. 의인의 간구는 역사하는 힘이 큼이니라"(약 5:16). 그러면 당신에게는 효과적으로 기도할 수 있는 능력이 생겨나게 될 것이다. 그리하여 세상을 위한 교회의 일반적인 기도에 동참하게 될 뿐 아니라 자신의 영역에서 제사장으로서 특별한 기도사역을 감당할 수 있게 될 것이다. 또한 하나님과 함께 그 일을 진행하고, 그에 대한 응답으로 알게 되고, 그리하여 하나님의 이름으로 축복하게 될 것이다.

사랑하는 형제들이여, 오라. 어서 와서 제사장이 되라. 유일한 제사장이요, 모든 사람의 제사장이 되라. 이제 당신은 중보기도라는 거룩한 사역을 위하여 구별되었다는 충만한 의식을 가지고, 우리 주님 앞으로 걸어가도록 노력하라. 이것이 바로 예수님을 닮아가는 삶의 참된 축복이다.

05
Only Prayer is Ability _ Part 5

쉬지 말고 기도하며 범사에 감사하라

항상 기뻐하라. 쉬지 말고 기도하라. 범사에 감사하라. 이것이 그리스도 예수 안에서 너희를 향하신 하나님의 뜻이니라. 데살로니가전서 5:16-18.

우리 주님은 과부와 불의한 재판관의 비유(눅 18:1-9)를 말씀하시면서, 끊임없이 기도하면서 지치지 말고 포기하지도 말아야 한다고 가르치셨다. 이 과부는 한 가지 분명한 요구사항을 끈질기게 물고 늘어졌다. 하나님이 어떤 특별한 축복을 지체하거나 거부하시는 것처럼 보일 때 이 비유는 끝까지 쉬지 말고 기도해야 한다고 말한다.

지속적이고 자발적인 기도, 지속적으로 파수하는 기도, 성령 안에서 항상 기도하는 것에 관하여 언급하고 있는 서신서의 여러 말씀들은 우리의 삶 전체가 기도하는 생활이라고 말한다. 우리에게, 그리고 우리 안에서, 우리를 통하여, 그리고 우리 주변에서 하나님이 자기 자녀들의 기도를 들으신다는 확신을 가지고 우리의 영혼이 하나님의 영광이 나타나기를 바라는 갈망으로 가득 채워져야 한다. 이때 우리의 내적인 삶은 하나님을 의지하는 마음과 믿음을 통하여, 갈망하는 소원과 신뢰하는 기대감을 통하여 끊임없이 고양된다.

이렇게 기도하는 삶을 살아가는 데 필요한 것은 무엇인가? 다른 무엇보다도 우리의 삶 전체를 하나님의 나라와 영광을 위한 희생제물로 바치는 것이다. 경건하고 선한 사람이 되고 싶다는 이유만으로 쉬지 않고 기도하려고 애쓰는 사람은 결코 계속해서 그렇게 할 수 없을 것이다. 하나님 자신과 그분의 영광을 위하여 살아가려고 자아를 잊어버리고 자기 자신을 내어놓으면, 마음이 넓어지면서 하나님과 그분의 뜻이라는 빛 아래서 모든 것을 조명해보게 된다. 우리는 본능적으로 우리 주변에 있는 모든 것에서 하나님의 도우심과 축복의 필요성, 그리고 하나님이 영광 받으실 기회를 인식하게 된다.

그리하여 모든 것을 하나님의 영광으로 평가하고 판단하게 된다. 우리의 영혼은 오직 하나님에 관련된 것만이 진정으로 하나님을 영화롭게 할 수 있다는 사실을 배운다. 우리의 삶 전체는 하나님이 그분의 능력과 사랑을 입증하셔서 그분의 영광을 보여주시도록 진정으로 바라고 울부짖는 외침이 된다. 성도는 시온의 성벽을 지키는 파수꾼임을 깊이 인식하게 된다. 또한 우리 주님을 각성시키는 '대표자' 가운데 하나임을 깊이 인식하게 된다.

성도의 외침은 하늘에 계신 왕을 일깨워서 감동하게 하며, 부르짖지 않았으면 할 수 없는 일을 행하시게 만든다. 성도는 바울의 권고가 얼마나 실질적인지를 잘 이해한다. "모든 기도와 간구를 하되 항상 성령 안에서 기도하고 이를 위하여 깨어 구하기를 항상 힘쓰며 여러 성도를 위하여 구하라. 또 나를 위하여 구할 것은 내게 말씀을 주사 나로 입을 열어 복음의 비밀을 담대히 알리게 하옵소서 할 것이니 이 일을 위하여 내가 쇠사슬에 매인 사신이 된 것은 나로 이 일에 당연히 할 말을 담대히 하게 하려 하심이라"(엡 6:18-20). "기도를 계속하고 기도에 감사함으로 깨어 있으라. 또한 우리를 위하여 기도하되 하나님이 전도할 문을 우리에게 열어주사 그리스도의 비밀을 말하게 하시기를 구하라. 내가 이 일 때문에 매임을 당하였노라"(골 4:2-3). 자기 자신을 잊고, 사람들 가운데서 하나님과 하나님 나라를 위하여 살아가는 삶은 결코 쉽지 않은 삶이며 끊임없이 기도하는 법을 배우는 삶이다.

하나님께 바친 이와 같은 삶에는 우리의 기도가 정말로 응답된다는 깊은 확신이 동반되어야 한다. 지금까지 복되신 예수님은 기도에 관한 교훈에서 하나님 아버지를 믿는 믿음을, 우리가 구하는 대로 반드시 이루어주시는 하나님 아버지를 믿는 믿음을 많이 강조하셨다. "구하라. 그러면 받으리니 너희 기쁨이 충만하리라." 주님의 가르침에서 시작과 마지막은 확신을 가지고 계속해서 응답을 기대하라는 것이다(마 7:8과 요 16:24을 비교해보라).

기도에 응답이 있다는 것과 구하는 대로 하나님이 이루어주신다는 확신이 우리를 지배할 때 우리는 감히 이처럼 놀라운 능력을 소홀히 여기지 않게 될 것이다. 그래야 항상 기도를 통하여 간구하고, 그에 따라 하나님이 우리가 구한 대로 행하시는 것이 일상으로 변하게 된다. 그러면 우리의 영혼이 완전히 하나님께로 향하게 되고, 우리의 삶 자체가 기도하는 삶으로 변하게 될 것이다.

그런데 우리 주님께도 시간이 필요하고 모든 일은 시간이 걸려야 한다. 왜냐하면 우리 자신과 우리의 주변에 있는 모든 것은 시간의 지배를 받는 피조물이기 때문이다. 그러나 믿음으로 드리는 기도는 하나라도 그냥 땅에 떨어지지 않으며, 때로는 기도를 차곡차곡 쌓아올릴 필요도 있다. 끈질긴 기도를 하나님이 거절하실 수 없다는 사실을 알면, 그때야 비로소 우리 하나님 앞에서 소망과 믿음의 삶을 지속적으로 살아가면서 끊임없이 기도하게 될 것이다.

이제 더는 인간의 이성이 살아계신 하나님의 무한하고 확실한 약속을 제한하거나 약화시키지 않도록 주의하라. 이러한 약속의 능력을 빼앗기지 않으며, 그 약속들이 우리에게 불어넣기를 원하는 놀라운 확신을 빼앗기지 않도록 조심하라. 장애물은 하나님 안이나, 하나님의 은밀한 뜻이나, 하나님의 약속이 지닌 한계 안에 있지 않다. 오히려 우리 안에, 우리 자신 안에 도사리고 있다. 우리는 약속을 받을 만한 사람들이 아니다. 하나님이 약속하시는 말씀에 온 마음을 활짝 열어놓아라. 그 약속은 우리를 찾아다니면서 겸손하게 만들 것이다. 우리의 기운을 북돋워 기쁨으로 가득 채우고 강하게 만들 것이다. 그리고 믿음으로 구한 것은 받은 줄로 아는 믿음이 있으면 기도는 일이나 짐이 아니라 기쁨이자 승리라는 사실을 깨닫게 될 것이다. 그리하면 기도는 반드시 필요한 것이며, 제2의 천성으로 자리 잡게 될 것이다.

이처럼 강한 소망과 든든한 믿음의 연합은 성령님이 우리 안에 거하시는 결과이다. 성령님은 우리 안에 머물러 계시며, 우리 존재의 깊숙한 곳에서 그분 자신을 숨기고 계시며, 보이지 않는 거룩하신 하나님을 갈망하도록 각성시키신다. 때로는 "이와 같이 성령도 우리의 연약함을 도우시나니 우리는 마땅히 기도할 바를 알지 못하나 오직 성령이 말할 수 없는 탄식으로 우리를 위하여 친히 간구하시느니라"(롬 8:26). 때로는 명확하게 의식할 수 있는 확신을 통하여 우리를 도우신다. 때로는 우리 자신에 대한 예수님의 심오한 계시를 바라는 어떤 특별하고 명확한 간구를 통하여 우리를 도우신다. 때로는 한 영혼을 위하여, 어떤 일을 위하여, 교회나 세상을 위하여 간구하도록 우리를 도우신다. 하나님을 향한 갈망으로 하나님이 알려지고 영광 받으시기를 원하는 곳으로 우리를 인도하시는 분은 항상 성령님이시다.

우리 안에서 기도하시는 분은 예수님의 영이시기에 하나님은 우리의 기도를 반드시 들으셔야 한다. 예수님의 영 안에서 기도하는 것은 우리이기 때문에 모든 장애물이 정복되고, 하나님의 영과 우리의 영 사이의 완벽한 조화가 이루어질 때까지 기도를 위한 시간과 인내와 지속적으로 새로워지는 것이 필요하다.

이처럼 쉬지 않고 기도하는 생활을 위하여 우리에게 가장 필요한 것은 예수님이 우리에게 기도하는 법을 가르쳐주신다는 사실을 아는 것이다. 우리는 이제 그분의 가르침이 무엇인지를 조금씩 이해하기 시작했다. 예수님의 가르침은 새로운 생각이나 관점을 소통하는 것이 아니다. 실패나 잘못을 일일이 발견해 내는 것이 아니다. 전혀 다른 소원과 믿음을 각성시키는 것도 아니다. 오히려 하나님 아버지 앞에서 예수님 자신의 기도생활에 우리를 동참시키는 것이다. 이것이 바로 예수님이 진정으로 우리에게 가르치고자 하시는 것이다.

제자들이 기도하는 법을 배우고 싶어서 그렇게 간청하게 된 이유는 예수님이 기도하시는 모습을 직접 보았기 때문이다. 진정으로 우리에게 기도하도록 가르쳐주는 것은 오직 기도함으로써 능력을 받고자 끊임없이 기도하시는 예수님을 믿는 믿음이다. 기도하고 계신 주님은 우리의 머리이자 생명이시다. 주님께 있는 모든 것이 우리의 것이며, 우리가 우리 자신을 그분께 내드릴 때 그 모든 것을 허락해주실 것이다. 예수님은 우리를 하나님의 즉각적인 임재 안으로 인도해주실 것이다. 내면의 지성소가 바로 우리의 보금자리이며, 우리는 거기에 거하고 있다. 우리가 그토록 하나님과 가까이 있는 이유는 하나님과 멀리 떨어져 있는 사람들도 축복하기 위함이다. 그러므로 우리는 기도할 수밖에 없다.

예수님은 우리를 자신의 기도생활과 기도의 능력에 동참하는 사람으로 삼으셨다. 그러므로 우리의 진정한 목표는 많은 일을 해내고 그 일이 계속 진행되도록 기도하는 것이 아니다. 오직 우리는 기도로 얻는 능력과 축복이 우리를 통해 사람들에게 전해지도록 많이 기도하고 많이 일하는 것이다. 항상 살아계셔서 기도하며 구원하고 다스리시는 분은 예수 그리스도시다. 예수님은 자신의 기도생활을 우리에게 전수해 주신다. 우리가 예수님을 신뢰하기만 하면 우리 주님은 우리 안에서 그와 같은 기도생활을 생생하게 보여주신다. 예수님은 쉬지 않고 끊임없이 기도하도록 우리의 기도생활을 확실하게 보증해 주신다.

그렇다. 예수님은 자신이 어떻게 기도하는지를 보여주심으로써, 우리 안에서 기도하심으로써, 주님 안에서 주님처럼 기도하도록 우리를 인도하심으로써 우리에게 기도하는 법을 가르쳐주신다. 예수님은 결코 쉬지 않는 기도생활에 필요한 전부이자 생명과 능력이시다. 우리로 하여금 쉬지 말고 기도할 수 있게 만드는 원동력은 모범으로서 끊임없이 기도하시는 예수님을 바라보는 것이다. 예수 그리스도의 제사장 직분은 영원한 생명의 능력이기 때문에, 결코 시들지도 약해지지도 않는 부활한 생명이기에, 예수님의 생명이 바로 우리의 생명이기에 쉬지 않고 기도하는 것은 우리에게 천국생활에서 비롯되는 기쁨이나 다름없는 기쁨을 제공할 수 있을 것이다.

그래서 사도 바울은 이렇게 강조한다. "항상 기뻐하라. 쉬지 말고 기도하라. 범사에 감사하라. 이것이 그리스도 예수 안에서 너희를 향하신 하나님의 뜻이니라"(살전 5:16-18). 항상 기뻐하고 범사에 감사하는 것과 더불어 쉬지 말고 기도하는 것은 예수님의 영원한 생명의 능력을 나타내는 것이며, 그것이 바로 예수님이 항상 기도하시는 방법이다.

포도나무와 가지 사이의 연합은 실로 기도의 연합이다. 예수님을 가장 많이 닮아가는 것, 예수 그리스도의 천국생활에서 비롯되는 영광에 가장 복된 모습으로 참여하는 것은 바로 우리가 그분의 중보기도 사역에 동참하는 것이다. 그러니까 우리 주님과 우리는 항상 살아 있어서 기도하게 된다. 예수님과 연합하여 쉬지 말고 기도하는 것은 하나님과 우리의 거룩하고 복된 연합 가운데 가장 거룩하고 복된 부분이며, 얼마든지 가능한 일이자 실제이다.

우리는 하나님 아버지께서 임재하시는 휘장 안에 거하고 있다. 우리는 하나님 아버지께서 말씀하시는 것을 그대로 행하고 있다. 그러기에 쉬지 말고 기도하는 것은 우리에게 임하는 천국을 이 땅에서 드러내는 일이며, 밤낮으로 찬양과 경배의 노래를 쉬지 않고 부르는 천국생활을 미리 맛보는 것이다.

■ 나의 신앙 고백 1

이 책을 읽고 가장 은혜가 되었던 것은 무엇이며,
나의 기도생활에 도전이 되었던 점은 무엇입니까?
기도에 관한 나의 신앙 고백을 적어보세요.

....

....

....

....

....

....

....

....

■ 나의 신앙 고백 2

이 책을 읽고 가장 은혜가 되었던 것은 무엇이며,
나의 기도생활에 도전이 되었던 점은 무엇입니까?
기도에 관한 나의 신앙 고백을 적어보세요.

....

....

....

....

....

....

....

기도 베스트 컬렉션 시리즈는?

이 시리즈는 앤드류 머레이, 존 번연, 찰스 피니, E. M. 바운즈 등 위대한 영적 거장들의 대표 기도서만을 모아 성도들에게 놀라운 기도의 세계를 경험하도록 하는 데 그 기획 의도가 있습니다.

〈 〈 〈 글쓴이에 대하여

앤드류 머레이 Andrew Murray

19세기 남아프리카의 성자이자 기도와 성령의 사람인 앤드류 머레이는 240여 편의 주옥같은 글들을 남겼는데, 그 대부분이 그리스도인의 경건생활과 기도에 관한 것이다. 그가 쓴 저서의 특징은 신앙의 핵심을 찾아서 일목요연하게 해설하고 있다는 점이다. 또한 앤드류 머레이의 모든 저서는 머레이 자신의 경건과 기도생활 가운데 직접 깨닫고 체험한 것을 담고 있기에 더욱 놀라운 깊이가 있으며, 동시에 우리의 신앙생활과 직결되어 있다. 따라서 그 영향력 또한 매우 강력하게 나타난다. 남아프리카의 가장 사랑받는 설교자일 뿐 아니라 세계적 명성을 지닌 저술가인 앤드류 머레이의 삶과 그가 남긴 저서들을 통해 우리는 그리스도인이 걸어가야 할 올바른 길을 발견할 수 있다. 특히 그의 저서 대부분은 기도와 성령의 임재와 사역에 관한 것이며, 100여 년이 지난 세월의 풍화작용에도 전혀 퇴색되지 않고, 식어가는 현대 그리스도인들의 심령에 하늘 불을 지피고 있다. 대표작으로 「하나님을 위한 나의 최선」 「머레이의 위대한 영성」 「기도가 전부가 되게 하라」 「죽을만큼 순종하라」 「죽을만큼 겸손하라」 「성령으로 살고 성령으로 행하라」 「내가 죽어야 성령이 산다」 등 다수가 있다.